高等院校"金课"系列教材建设·人力资源管理专业

总主编 赵曙明

员工职业生涯管理

赵宜萱 瞿皎姣 主编

立体化资源

南京大学出版社

图书在版编目(CIP)数据

员工职业生涯管理 / 赵宜萱, 瞿皎姣主编. —— 南京：南京大学出版社，2021.4(2025.7 重印)

ISBN 978 - 7 - 305 - 24234 - 2

Ⅰ. ①员… Ⅱ. ①赵… ②瞿… Ⅲ. ①企业管理—人力资源管理—高等学校—教材 Ⅳ. ①F272.92

中国版本图书馆 CIP 数据核字(2021)第 025896 号

出版发行	南京大学出版社			
社　　址	南京市汉口路 22 号	邮　编	210093	

书　　名　员工职业生涯管理
　　　　　YUANGONG ZHIYE SHENGYA GUANLI
主　　编　赵宜萱　瞿皎姣
责任编辑　王向民　　　　　　　编辑热线　025 - 83592315

照　　排　南京南琳图文制作有限公司
印　　刷　南京百花彩色印刷广告制作有限责任公司
开　　本　787 mm×1092 mm　1/16　印张 10.25　字数 231 千
版　　次　2021 年 4 月第 1 版　2025 年 7 月第 3 次印刷
ISBN 978 - 7 - 305 - 24234 - 2
定　　价　32.00 元

网址：http://www.njupco.com
官方微博：http://weibo.com/njupco
官方微信号：njupress
销售咨询热线：(025) 83594756

* 版权所有，侵权必究
* 凡购买南大版图书，如有印装质量问题，请与所购
　图书销售部门联系调换

高等院校"金课"系列教材建设·人力资源管理专业

编委会

主 任 委 员　赵曙明
副主任委员　刘　洪　李燕萍　龙立荣　刘善仕
　　　　　　唐宁玉　罗瑾琏
委　　　员　（按姓氏笔画排序）
　　　　　　王德才　龙立荣　刘　洪　刘　燕
　　　　　　刘善仕　刘嫦娥　孙甫丽　杜　娟
　　　　　　杜鹏程　李燕萍　杨　东　张　弘
　　　　　　张　捷　张正堂　张戌凡　陈志红
　　　　　　罗瑾琏　周路路　赵宜萱　赵曙明
　　　　　　秦伟平　贾建锋　唐宁玉　黄昱方
　　　　　　曹大友　蒋建武　蒋昀洁　蒋春燕
　　　　　　程德俊　潘燕萍　瞿皎姣

总　序

改革开放后，我国一些学者将西方人力资源管理理论和方法引进国内，率先在个别高校开设人力资源管理课程，如我1991年由美国学成回国后，在南京大学率先开设"人力资源管理与开发"课程。后来，一些高校开设人力资源管理专业培养专门人才，如1993年中国人民大学在全国首次开设人力资源管理专业招收本科生。在这些高校的带动下，我国高等院校人力资源管理专业教育经历了一个从无到有、从课程到专业、从单一性到综合性的发展过程，现在又呈现出从独立专业到学科方向的良好发展态势。从事人力资源管理问题研究的学者越来越多，人力资源管理已成为一个独立的、专门的研究领域。目前越来越多的高校开设了人力资源管理本科专业，不少高校还开设了人力资源管理学科方向的硕士、博士研究生专业，甚至建立了人力资源管理方向的博士后流动站，为国家经济建设和社会发展培养了一大批人力资源管理专门人才。

作为实践性很强的专业，人力资源管理专业的发展离不开国内企事业组织人力资源管理的持续变革与创新实践。1978年改革开放以来，中国经济快速发展，市场竞争日趋激烈，企业经营管理面临着日益复杂多变的环境，人力资源管理实践更是实现了从计划经济体制下的劳动人事管理向现代人力资源管理的巨大跨越，并依次经历了人力资源管理理念的导入、人力资源管理的探索、人力资源管理的系统深化以及近年来的人力资源管理创新时期，相应地，人力资源管理专业教育教学也顺势而变，进入了一个前所未有的变革时代。

回顾过去，才能更好地理解现在，展望未来。作为国内较早开展人力资源管理教学和研究的学者，我有幸亲历了整个过程。20世纪80年代初期，人力资源管理在美国兴起，并迅速成为美国管理研究的热点之一。然而在20世纪90年代初期的中国,无论是政府管理部门还是企业界,仍以为"人力资源管理"就是"人事管理",很多人甚至连"人力资源"这个词都没有听过。我当时就深切地感觉到,要改变这种状况,首要任务就是要系统地了解和研究发达国家在人力资源管理领域的理论、思想与方法。于是,我倾力撰写了《国际企业:人力资源管理》一书(1992年由南京大学出版社出版第一版,到2016年出版了第五版),系统地介绍西方发达国家在该领域的研究成果和发展趋势,以使读者不仅能够概括了解西方人力资源管理的全貌,而且能够接触到学术研究的前沿,把握其发展规律。

人力资源管理在当时的我国还是新兴的研究领域,最大的困难在于如何构建具有中国特色的知识体系。于是从1993年开始,我的主要精力都集中在解决这一关键问题上。受国家自然科学基金科研项目资助,经过两年多的研究,我于1995年完成并出版了《中国企业人力资源管理》这部专著,从宏观的角度探讨了我国人力资源的配置机制和政策体系,从微观的角度分析了中国企业人力资源管理各环节的优势和劣势。自1995年起,我开始集中研究中国企业人力资源管理的模式选择,这是中国国有企业推行科学管理所面临的紧迫课题。到20世纪90年代末期,我着手进行"中国企业集团人力资源管理战略"等国家自然科学基金资助的课题的研究,力求从战略人力资源管理的视角,探索中国企业的战略人力资源管理模式。21世纪以来,我和我的研究团队又相继开展了"企业人力资源开发的理论基础与管理对策""转型经济下我国企业人力资源管理若干问题研究""中国企业雇佣关系模式与人力资源管理创新研究""基于创新导向的中国企业人力资源管理模式研究"等国家自然科学基金重点课题的研究,着手对中国情境下的人力资源管理理论与实践问题进行更加深入的研究和探讨,以期在中国的人力资源管理领域做出一些贡献。

回顾这些年来中国人力资源管理发展之路,我最深刻的印象就是变化无处不在,人力资源管理的运作环境、管理职能和运行边界正日益复杂化、动态化和模糊化。首先,人力资源管理的环境发生了极大改变。经济全球化、信息网络化、知识社会化、人口城镇化、货币电子化等构成了这个时代的主要特征。每个人都身处移动互联网、大数据、云计算、物联网、人工智能之中,这些正在影响着我们的工作和生活方式,甚至取代了许多人赖以为生的岗位。这些变化对组织人力资源管理的能力提升提出了新的、更高的要求,例如,如何通过培训帮助员工尽快适应转岗等现实问题已迫在眉睫。

其次,组织结构和组织管理体系发生了变化。伴随着创新驱动发展带来的新业态、新组织、新技术的出现以及共享经济的兴起,企业组织从高度集权的金字塔式的组织结构,逐步地向扁平化、网络化、虚拟化、平台化的方向发展,中国一些企业开始学习和引进发达国家先进的人力资源管理理论并在实践中不断进行创新,如腾讯和阿里巴巴采用的三支柱模式、阿米巴经营模式等,均取得了明显成效。在这个过程中,一些企业还结合中国实际,将西方国家人力资源管理理论与中国企业管理实践相结合,创造性地提出具有中国特色的人力资源管理新模式、新方法,受到越来越多的关注,如华为的员工持股计划、海尔集团的"按单聚散、人单合一"模式、苏宁的事业经理人制度等。这些成功的案例启发我们,组织结构和组织管理体系的变化,需要我们从战略高度上去设计新的人力资源管理理论框架和知识体系。

第三,员工的需求日益多元化。员工忠诚度一直是人力资源管理的重要命题之一。新的趋势是从过去强调员工的忠诚度转变到员工幸福感与员工忠诚度并重,强调工作、家庭、生活与学习的多重平衡。尤其是"90后""00后"等新生代员工现已成为职场的主力军,他们对待工作的态度、个性特点、需求特征均与以往代际的员工有所不同,他们更加关注工作、家庭和生活的平衡,更多地追求和强调幸福感,员工体验甚至已经成为吸引、保留、激发人才活力的新战略和新方向。在此背景下,组织如何留住这些新生代员工,要给他们什么样的发展空间,如何满足他们多样化的需求,不断提升他们的满意度和幸福感,就成为人力资源管理中迫切需要解决的现实问题。

第四,工作方式日益创新。在零工经济背景下,远程办公、移动工作、灵活用工、共享员工等取代了传统单一的雇佣方式。零工经济是由一组相互作用但又半自治的实体借助网络平台实现精准交易的生态化经济系统。传统上,雇佣关系是组织进行人力资源管理的逻辑前提,但零工经济下的多方参与实体之间并不存在可识别的直接雇主与雇员关系。网络平台一方面极力避免与零工建立雇佣关系,但另一方面又在工作时间、工作地点、工作效率、工作行为和产出等方面对零工行使控制权。那些在传统组织下频繁进行的人力资源管理活动已成为网络平台实现零工生态系统治理的手段,而当前对网络平台的人力资源管理实践模式及其运作机理还知之甚少。

第五,人力资源管理的外延和对象有所拓展。党的十九大提出要加快建设人力资源协同发展的产业体系,着重发展人力资源服务业。人力资源服务业作为第三产业服务业的分支,能满足组织对于成本管控和人才优化配置的需求,是一个令人瞩目的朝阳产业。过去人力资源管理的对象更多的是组织内的员工,而现在人力资源管理的外延在扩大,对象也变得多元化。此时,人力资源管理在职能边界、知识体系与内容构成等方面均与传统的基于组织内部的人力资源管理有很多区别。

上述五方面的变化需要我们重新思考人力资源管理教学的知识体系与理论框架。总体来看,人力资源管理专业建设取得了长足发展,但在人才培养目标、课程设置、知识体系、教材建设上却滞后于经济社会发展的时代需求。当前,传统商科走向了新商科,在以大数据、云计算、物联网、人工智能、区块链等新商业技术为支撑的商科专业发展背景下,人力资源管理专业人才的培养也面临着新的机遇和挑战。教育部发布的《关于加快建设高水平本科教育 全面提高人才培养能力的意见》中也特别指出,要注重新商科人才的培养。尤其是在一流专业建设和金课建设工作中,课程教材改革需要与时俱进,因为教材是专业建设的核心要素,直接影响人才培养质量。人力资源管理专业作为一门实践性、应用性很强的专业,教材建设必须紧紧把握时代发展趋势和潮流。

南京大学人力资源管理研究和教学团队一直非常重视人力资源管理专业教材编写和课程教学工作。从1991年起,我作为课程负责人开始在南京大学开设"人力资源管理"课程。2000年开始采用电子信息化教学手段和相应的教学方法。该课程后来成为南京大学重点建设课程,并于2003年入选第一批国家精品课程。多年来,我同时致力于人力资源管理专业师资的培养。作为教育部指定的人力资源管理课程师资培训基地,南京大学商学院已成功举办20届全国人力资源管理师资培训研讨会,全国几千名人力资源管理教师参加了培训。该研讨会现已成为我国人力资源管理学科领域参与专家人数众多、最具规模和最具影响力的师资研讨会,为推动我国高等院校人力资源本科专业教育以及MBA教育做出了应有贡献。为了给全国从事人力资源管理研究的学者搭建一个学术交流的平台，由南京大学商学院、华中科技大学和《管理学报》等联合发起的、由我任主席的中国人力资源管理论坛于2012年成功举办，至今已举办了8届，产生了良好的学术影响。

基于多年的科学研究、教学实践、师资培训、人才培养、同行交流等方面的经验，结合当前人力资源管理的发展变化趋势，我们精心梳理了人力资源管理专业相关教材的内容，出版了这套人力资源管理系列丛书。

本套丛书是南京大学出版社在教育部工商管理类专业教育指导委员会的支持下，邀请国内具有丰富人力资源管理教学经验的学者精心编写而成的，旨在为人力资源管理专业的师生提供一套专业、系统、前沿、理论与实践并重的人力资源管理系列教材，并为业界人士发现、分析和解决企业人力资源管理实践中遇到的问题提供分析方法和工具。

本套丛书共分十三册，包括：《人力资源管理总论》《人力资源战略与规划》《组织设计与工作分析》《员工招聘管理》《人力资源测评》《人力资源培训与开发》《员工职业生涯管理》《绩效管理与评估》《薪酬管理》《企业劳动关系管理》《创业企业人力资源管理》《国际企业：人力资源管理》《人力资源专业英语》等。本套丛书有以下五个特点：

（1）注重体系完整性。本套丛书从人力资源管理战略的高度审视各个模块的相互联系，每个模块都有非常完整的知识体系设计，让读者能从企业经营管理的整体视角去理解人力资源管理各个模块的内容。

（2）强调知识的前沿性。将当前外部环境的变革融入到教学内容中，如新生代员工管理、大数据、共享经济、网络型组织结构、企业大学、疫情危机下的企业人力资源管理等知识点，在本套丛书中均有所体现。特别值得一提的是，在创新创业这一时代主旋律下，人力资源管理对创业企业的存续与发展产生日益重要的影响。本套丛书基于创业企业在人力资源管理中的特殊性，编写了《创业企业人力资源管理》一书，希望人力资源管理能够真正成为推动创业企业发展的核心要素。

（3）注重知识的实用性。本套丛书有大量的实例及案例素材，分别以开篇案例、章后应用案例等形式体现。案例教学内容从知识点的讲解出发，通过案例说明知识点的具体适用范围，从而帮助学生透彻地掌握相关知识点。学生通过对案例的分析与解读，可以将这些知识点与未来工作情境相关联,培养学生发现问题、分析问题并解决问题的能力。

（4）融入当前企业人力资源管理新实践。本套丛书吸收了当前企业人力资源管理中的新模式、新经验,如三支柱模式、阿米巴经营模式、华为的员工持股计划、海尔集团的"按单聚散、人单合一"模式、苏宁的事业经理人制度等,在本书中均有所体现。

（5）用全球化的视野思考人力资源管理问题。本套丛书特别设计了《国际企业:人力资源管理》《人力资源专业英语》,希望借此引发读者对人力资源管理国际化的思考。中国企业家曹德旺先生的福耀玻璃在美国开工厂遇到的工会问题以及解决措施等内容,在书中均有所介绍。

总之,本套丛书力图在人力资源管理专业知识体系和内容结构上有所创新,使读者既能够把握人力资源管理专业完整的基础理论知识,同时还能够感受到专业学科发展前沿和未来发展趋势。付梓之际,衷心希望该丛书对我国人力资源管理专业人才的培养产生积极作用。

本套丛书的出版得到了南京大学出版社的大力支持！南京大学出版社社长金鑫荣教授在该套丛书建设研讨会上提出了宝贵建议,使我们受到很多启发;南京大学出版社高校教材中心蔡文彬主任对本套丛书的出版自始至终给予了很多关心和帮助;南京大学出版社责任编辑们对本套丛书进行了精心编校。在此向他们一并表示衷心感谢！

在本套丛书编写过程中,我们力求完美,但囿于能力,存在的问题和不足之处在所难免,敬请各位读者批评指正！

南京大学人文社会科学资深教授
商学院名誉院长
行知书院院长
博士生导师

2020 年 12 月

前　言

"这是一个最好的时代,也是一个最坏的时代"。从来没有哪个时代像现在一样,社会高速发展、技术飞速进步、物资日益丰富,让身处这个时代的我们可以有更多的职业选择和成就方式。我们也感受到了疫情后,世界的改变。新技术、新产业、新商业模式催生了新的就业形态,孕育了大批潜在的新职业从业者。当然,变化也是一把双刃剑,在这个"唯一不变就是变化"的时代,我们的职业生涯在具有更多选择的同时也面临着更大的不确定性和挑战。

马特·里德利在《自下而上:万物进化史》中用"演变"(Evolution)一词描绘人类进化规律,意指"渐次展开",强调由内向外渐进变化。然而,人类历史长河中总有一些突发事件会打破这种"演变"规律,迫使我们由外向内进化。那么,欲思考未来职业生涯发展,我们需要了解当前的经济发展、工作和科技变化之间的关系,以作为一个新的历史起点来把握未来的可能变化。始于庚子年初的突发性新冠疫情让每一个行业都备受考验,许多企业的业务受到极大冲击并出现了断崖式下跌,从业者的正常工作也受到很大影响。一个不得不面对的现实是,这次突发事件让我们看到一些传统工作是可以在线化、数字化和被机器代替的。这也印证了《没有工作的世界:技术、自动化和我们的应对措施》一书中提到的"经济上无价值"(Economically Useless)这个概念:无论你的劳动力多么有价值,企业有多么想聘用你,如果技术能够取代你能做的工作,那么从经济学的角度看你的工作就是无价值的,就会被淘汰。亦是在庚子年三月,中国人力资源和社会保障部、市场监管总局、国家统计局联合发布网约配送员、健康照护师、呼吸治疗师等16个新职业,这是自2015年版《中华人民共和国职业分类大典》颁布以来发布的第二批新职业。这些新职业主要集中在新兴产业和现代服务业两个领域,对于已在职场和即将进入职场的人们来说,无疑有了更多新的择业选择。可见,上述外部环境变化悄然影响着员工的职业发展。重新审视并认识职业生涯规划在此时就尤为重要。

人一生所获取的成功和身份通常是由职业来衡量。上学、选择专业都是为未来的职业做准备。"正确的"职业可以让我们快乐且富有成就。社会中充斥着一些共有的职业观念。老师、父母、媒体人等所固有的职业观念影响并形塑着我们对职业的态度和价值观。这虽然给我们的职业生涯规划提供了方向和指导,但同时也带来了压力和桎梏。在当前社会经济以及工作模式急剧变革的时代下,他们的期许一定可以确保我们做出正确的职业选择从而获得"好的"工作机会吗?

职业生涯管理是现代企业人力资源管理的重要内容之一,是企业帮助员工制定职业生涯规划和帮助其职业生涯发展的一系列活动。这不仅是员工个人意义上的,也是组织意义上的一项职能,因为职业生涯管理应是满足管理者、员工、企业三者需要的一个动态过程。员工拥有的能力素质以及组织能够为员工提供的发展平台从来都是相辅相成的。员工要不断通过组织内外部平台提高自己的能力素质，而组织也需要与时俱进，结合经济和科技的发展水平，不断升级员工的职业发展通道，进而实现组织-员工之间的双赢。

本教材适用于这样一个群体：他们身处这个瞬息万变的社会，开始关注如何更好地规划和管理职业发展路径。对于在校学生而言，本教材可以帮助他们了解职业生涯管理的相关知识，认识职业生涯的意义，理解职业生涯发展路径并做好职业规划。对于商业领域的读者而言，尤其是企业的中高管来说，本教材可以帮助他们了解职业生涯管理的基本知识体系，为其更好地规划和管理员工的职业生涯发展提供启示。这不仅能够对员工的成长提供帮助，还有助于提高企业的管理效率。

本教材由三部分组成。第一部分主要讲述职业生涯管理的基本原理。首先，阐释职业生涯管理相关的基本概念；其次，讲述职业生涯管理的作用及必要性；在此基础上，介绍中西方关于职业生涯管理的理论知识以及相关模型。最后，介绍职业生涯管理的几种实用工具。第二部分主要讲述职业生涯管理的过程与实施。首先，界定职业生涯规划，并阐述职业生涯规划的原则与方法；其次，对生涯规划的模式与步骤进行描述，并通过案例分析进一步阐释个人与组织的职业生涯管理。第三部分，讨论职业生涯管理的新议题，诸如新生代员工的职业生涯管理，年长员工的职业生涯管理，以及数字化时代下的职业生涯管理的关系。

希望通过本教材，能够帮助读者理解职业生涯是一个循序渐进、合作共赢的过程。在员工的每一个发展阶段，不仅需要个体适时调整自己的目标、提高自身能力素质，还需要企业管理者提供合适的平台和机会。这是实现员工价值、创造双赢的过程。

在撰写本教材过程中，我得到了南京大学人文社会科学资深教授赵曙明博士的悉心指导！我还要感谢田娅、王雪、李悦琪、顾潘婷、张启、陈嘉茜等研究生同学帮助查阅资料并对本书初稿的内容整理做出的贡献！

编　者
2021 年 3 月

目 录

第一篇 职业生涯管理的基本原理

第一章 职业生涯管理概述 3
第一节 职业生涯管理的概念 3
第二节 职业的分类与变化 5
第三节 职业生涯管理的作用 6
第四节 职业生涯管理的发展 7
第五节 职业生涯管理的必要性：变革的视角 9

第二章 职业生涯管理的基础理论 15
第一节 职业选择理论 15
第二节 职业生涯发展阶段理论 19
第三节 职业生涯管理模型 22
第四节 职业匹配理论 25
第五节 社会认知职业理论 26
第六节 职业锚理论 31

第三章 职业生涯管理的实用工具 35
第一节 职业能力倾向及测量 35
第二节 气质、人格及测量 38
第三节 职业适应性及测量 45
第四节 职业素质及测量 48

第二篇 职业生涯管理的过程与实施

第四章 职业生涯规划 55
第一节 职业生涯规划的界定 55

第二节　职业生涯规划的考虑因素 ……………………………………… 56
　　第三节　职业生涯规划的原则与方法 …………………………………… 57
　　第四节　职业生涯规划的模式与步骤 …………………………………… 60

第五章　个人职业生涯管理 …………………………………………………… 65
　　第一节　职业生涯目标 …………………………………………………… 66
　　第二节　职业生涯选择与决策 …………………………………………… 71
　　第三节　职业适应 ………………………………………………………… 74

第六章　组织职业生涯管理 …………………………………………………… 80
　　第一节　组织职业生涯管理的意义 ……………………………………… 80
　　第二节　组织职业生涯管理的原则 ……………………………………… 82
　　第三节　组织职业生涯管理的内容 ……………………………………… 85
　　第四节　组织职业生涯管理的措施 ……………………………………… 91
　　第五节　组织职业生涯管理的阶段 ……………………………………… 93

第三篇　职业生涯管理的新议题

第七章　新生代员工的职业生涯管理 ………………………………………… 103
　　第一节　新生代员工特征 ………………………………………………… 104
　　第二节　新生代员工职业生涯管理机遇与挑战 ………………………… 105
　　第三节　新生代员工职业生涯管理对策 ………………………………… 109

第八章　年长员工的职业生涯管理 …………………………………………… 115
　　第一节　年长员工的界定 ………………………………………………… 117
　　第二节　年长员工职业发展的瓶颈与公平问题 ………………………… 119
　　第三节　年长员工职业生涯管理的对策与实践 ………………………… 123

第九章　数字化时代与员工职业生涯管理 …………………………………… 133
　　第一节　数字化时代的人才需求 ………………………………………… 133
　　第二节　数字化时代的组织变革 ………………………………………… 136
　　第三节　面向未来的职业生涯管理 ……………………………………… 139

参考文献 ………………………………………………………………………… 142

第一篇

职业生涯管理的基本原理

第一章 职业生涯管理概述

开篇故事

John Boudreau 在《哈佛商业评论》2020 年 2 月刊中撰文指出,未来十年组织将变得更加灵活、透明。工作岗位也会随之变得更有组织性、结构性。在现有的工作模式基础上,会产生四种工作模式:第一,极速化工作模式。在这个模式下,许多人力资源技术产品都致力于运用设备、基于云计算学习、智能手机软件和远程性能观测等方法,实现传统人力资源系统和工作关系管理的自动化。第二,新构想的工作模式。这一新的就业模式已经发展成平台、项目、特约演出、自由职业者、竞赛、合同工、服役和兼职等形式,但是支持性技术的发展却相对缓慢。这种工作模式还包括就业系统的内部创新,比如将自由职业者、合同工和兼职人员考虑在组织人力资源系统里;运用社交工具对被动的求职者进行跟踪交流或在社交媒体平台上举办创新竞赛,从而改善传统的招聘系统等。第三,超级授权模式。这种新的工作形式和技术模型包括随需应变的人工智能、极致的个性化与安全、可接入的云数据库。这些数据库不会受到任何单一雇主的控制,并为职位和应聘者提供搜索定位,使得同一类的工作和劳动力可以互相配对。最后,现有工作模式。就像今天的大多数工作,这类工作往往有着相似的技术联系和工作安排,主要依赖于正规的全日制雇佣关系。当然,未来也许会有很多的工作模式出现,但是需要你们思考的是,你现在的工作模式是否能够长久持续?是否能够适应未来的工作要求?如果不能持续、不能适应,那么在你的职业发展道路上,你需要什么样的能力和素质去适应新的工作方式?

第一节 职业生涯管理的概念

"职业"一词是由"职"和"业"两字组成,其中"职"包含责任、担当之意,"业"包含行业、业务、事业之意(周文霞,2004)。在英语中也有两个单词代表职业,Occupation 和 Vocation,但二者之间存在细微差别。Occupation 是一个较宏观的概念,是反映影响社会结构和社会分工的一种要素,如职业分类;而 Vocation 则是一个偏微观的概念,更关注工作本身的知识化和专门化,反映着个体心理层面上的意义,如职业兴趣和职业能力等。由此可见,中文的"职业"一词则同时体现出宏观和微观之意。

职业的概念在 19 世纪之后才逐渐形成。虽然有学者认为,职业和职业发展从古代哲学家西塞罗和柏拉图开始就有相关的论述,例如,在古代著作中提到了个人应该如何对待

生活。经过数千年的发展,我们现在了解的职业与职业发展根源于 12 世纪的欧洲贸易协会提供的职业教育。直到 20 世纪人们才逐渐开始真正使用职业这个概念(Moore,Gunz & Hall,2007)。有学者将职业定义为一个人随着时间的推移而不断变化的工作经历及其顺序(Gunz & Peiperl,2007)。也有学者认为每一个人一生都从事一种职业,虽然在一个人的职业生涯中会换多个工作,但是所有的经历都是属于一种职业历程(Inkson, Dries & Arnold,2007)。国内的学者将职业定义为,人们在社会生活中所从事的以获得物质报酬为主要生活来源、并能满足自己精神需求的、在社会分工中具有专门技能的工作(周文霞,2004)。

职业生涯,即 Career,可以包含"毕生事业、职业、经历、前程"等多重含义。《牛津英语字典》将其定义为一个人的人生历程或进步。在学者眼中,职业生涯则是个人在组织内外与工作和其他相关的经历,这些经历在个人的一生中形成了独特的模式(Sullivan & Baruch,2009)。也有学者认为职业生涯是指一个人从开始凭借自己的劳动取得合法收入到不再依靠劳动取得收入为止的人生历程(赵曙明、赵宜萱,2019)。美国国家职业发展协会(National Career Development Association)将其概括为:个人通过从事工作所创造出的一有目的的、延续一定时间的生活模式,具体包括"时间延展"(Time Extended)、"创造出"(Working Out)、"有目的的"(Purposeful)、"生活模式"(Life Pattern)、"个人所从事的"(Undertaken by the Person)几方面内涵。

而职业生涯管理(Career Management)是一个过程,它要求个人和组织建立一种伙伴关系,以提高员工在当前和未来工作中所需的知识、技能、能力和态度(Gilley,Eggland & Gilley,2002)。它还是一个个体在自身价值体系中的技能、能力、需求、动机和理想缓慢发展中,不断发展自己职业概念的过程(Manolescu,2003)。赵曙明和赵宜萱(2019)认为,职业生涯管理是指为了更好地实现个人目标,使个人在整个职业历程中的工作更富有成效,对整个职业历程进行计划、实施和评估,并根据外部环境、自身因素以及实施效果进行调整的过程。本书认为**职业生涯管理是一个过程,在这个过程中,员工通过管理者的反馈和指导,以及来自组织的信息和资源,战略性地探索、计划和创造他们未来的道路**。这里我们需要关注的是,职业生涯管理是一个持续渐进的过程,它意味着员工和组织在这个过程中获取以及应用所有的知识,不断实现双方的成长。职业生涯管理包含两重含义:一是组织职业生涯管理,是指组织针对个人和组织发展需要所实施的职业生涯管理;二是个人职业生涯管理,是指个人为自己的职业生涯发展而实施的管理。前者集中表现为帮助员工制定职业生涯规划,建立各种适合员工发展的职业通道,针对员工职业发展的需求进行适时培训,给予员工必要的职业指导,促使员工职业生涯成功;而后者集中表现为职业自我探索,确定职业目标,确立实现目标的策略,实施实现职业目标的行动。

与之不同但相关的一个概念是职业生涯发展。其是指通过一系列阶段,使人取得不断进步的持续过程。如果个人能够理解每个职业生涯阶段对应的发展任务,他们就能够制定出最适合自己的职业生涯阶段目标和战略。同时,组织如果要适应员工的这种职业生涯发展,就需要适时进行组织干预,设计出与员工职业生涯阶段最匹配的管理策略和手段。

其实,如果要更加深入地去剖析个体与职业生涯的关系的话,个体与职业生涯之间存在着就业和适应就业的一个动态过程。早期的心理学家 Kristof(1996)认为,这个动态过程体现在个人能力和工作要求应匹配(即"人-岗"匹配),因为一个人在特定情境中的行为,主要受到三个因素的影响,即个人特征、情境特征以及个人特征和情境特征的交互作用(Chatman, 1991)。具体来说,一个员工在组织中的行为,除了会受到自身价值观和组织文化的影响,还会受一个可能更为直接因素的影响,那就是个体价值观和组织文化价值观的一致性。当然,早期学者对这个动态过程的诠释,即"人-岗"匹配更多注重于预测某个人在某个工作岗位上的未来绩效,没有把人放到具体的组织环境中考虑,忽视了沟通、合作、冲突、协调等组织因素对个体生涯的影响。赵慧娟和龙立荣(2004)通过实证研究发现,"人-岗"匹配更多是站在工作岗位需要的角度去强调对个体的要求,这是一种单向的互补性关系,没有考虑外部环境对员工态度、行为以及职业活动的影响。

第二节 职业的分类与变化

有学者认为,职业分类的依据是职业心理理论中个人与职业的"关联性"(Holland, 1969)。通常,**职业分类,是指按一定的规则、标准及方法,按照职业的性质和特点,把一般特征和本质特征相同或相似的社会职业,分类并统一归纳到一定类别系统中的过程**。世界上经济发达国家都非常重视职业分类问题的研究,这不仅是形成产业结构概念和进行产业结构、产业组织及产业政策研究的前提,同时也是对劳动者及其劳动进行分类管理、分级管理及系统管理的需要。

根据《中华人民共和国职业分类大典》,我国职业归为 8 个大类,66 个中类,413 个小类,1 838 个细类(职业),如表 1-1 所示。以企业负责人为例,它属于第一大类,其中中类和小类也都是企业负责人。企业负责人还包括 4 个细类(职业),企业董事:在企业中,经股东大会选举的企业最高层具有决策权的董事会组成人员。企业经理:在企业中,经董事会聘任或经职代会选举或经上级任命的企业负责人。企业职能部门经理或主管:在企业经营、生产或业务、行政等职能部门担任经理或主管的人员。其他企业负责人:指未列入上述类别的企业负责人。

表 1-1 《中华人民共和国职业分类大典》职业分类

序号	类别
第 1 大类	国家机关、党群组织、企业、事业单位负责人
第 2 大类	专业技术人员
第 3 大类	办事人员和有关人员
第 4 大类	商业、服务业人员
第 5 大类	农、林、牧、渔、水利业生产人员
第 6 大类	生产、运输设备操作人员及有关人员
第 7 大类	军人
第 8 大类	不便分类的其他从业人员

而西方国家如美国,则将职业分类进行了细化,且分类标准也不一样。根据美国劳工部的分类,美国的职业分为九大类,并且按照这九大类划分了大约 21 000 个行业和 30 000 个职业,如表 1-2 所示。根据美国劳工部最新的数据统计,美国预计在 2018—2028 年期间,将增加就业岗位 840 万个,达到 1.694 亿个。虽然这一扩张反映了 0.5% 的年增长率,但是这比 2008—2018 年 0.8% 的年增长率要慢。因为人口和劳动力老龄化将影响未来 10 年的变化,包括劳动力的持续下降、医疗保健及相关行业和职业的参与率和就业持续增长。

表 1-2 美国劳工部职业分类

序号	类别
第 1 大类	专业技术职业
第 2 大类	行政、行政和管理职业
第 3 大类	销售职业
第 4 大类	行政辅助职业,包括文员
第 5 大类	精密生产、工艺和维修职业
第 6 大类	机器操作员、装配工和检验员
第 7 大类	运输和材料运输职业
第 8 大类	操作工、设备清洁工、助手和工人
第 9 大类	服务业、私人家庭除外

周文霞(2004)认为,未来职业的变化主要有两个特点。首先,新的职业种类会层出不穷。传统的职业种类可能会进行重组,尤其是在第一产业和第二产业中会较为明显。第二,终身依附一个组织的固定职业数量会不断下降,而相对独立、不依赖于任何组织的自由职业数量会增加。因此尽早地对职业生涯进行规划和管理非常重要。职业生涯规划和管理可以实现企业与员工的双赢,员工因职业生涯规划与管理,对自我的优势、兴趣、能力以及职业前景有了较为全面和充分的认识,通过生涯规划技术与企业提供的发展通道实现对自我生涯的管理,提升职业竞争力。企业则通过职业生涯管理了解员工发展愿望、动机与职业兴趣,在组织设计中结合员工特点,充分实现人岗的匹配,最大程度提高员工工作效能与忠诚度,降低因人员流失造成的企业成本。

第三节 职业生涯管理的作用

在人力资源管理中,员工的职业生涯管理主要能够帮助员工识别职业需求、理想,并且捕获职业发展机会。而对于组织来说,良好的职业生涯管理可以帮助组织更好地实现组织目标,因为它可以融合员工个人目标和组织目标,并且使员工个人目标和组织目标相互协调。职业生涯管理是实现员工和企业双赢的重要的人力资源管理工具,它能有效缩小企业与员工个体在目标整合上的偏差,并避免由此造成的员工工作的主动性、积极性等因素的丧失。例如美国微软公司人力资源部制定"职业阶梯"文件,其中详细列出了不同职务须具备的能力和经验。日本丰田公司实行"事业在于人"的经营理念,形成了独特的"丰田式"职业管理模式。

综合赵曙明和赵宜萱(2019)、周文霞(2004),以及吴志华等人(2016)对职业生涯管理作用的观点,本书认为职业生涯管理的作用主要体现在以下几点:

1. 对组织的作用

(1) 保持人力资源配置的动态合理性。
(2) 提高组织人力资源竞争力。
(3) 降低组织的管理成本。
(4) 帮助员工实现职业目标。
(5) 稳定员工队伍、减少员工流失。

2. 对个人的作用

(1) 发挥个人长处,提高个人的工作效率。
(2) 更好地发挥个人的长处,使其在职业生涯中扬长避短。
(3) 更好地适应环境,把握外部环境中存在的机会。
(4) 更好地平衡工作与家庭生活。

不过,随着科技的进步、外部环境的剧烈变化以及社会的需求,现在的工作和职业生涯的特性已经发生了巨大变化。为了维持组织的灵活性和弹性,更多的雇员必须在组织内部的不同岗位和角色之间转换,以及在不同的组织之间流动,即出现了无边界职业生涯。在无边界职业生涯时代,组织和员工之间的心理契约发生了改变(郭志文,范·德·赫登,2006)。在旧的心理契约下,员工以对企业的忠诚换取长期或终身的就业保障。在新的心理契约下,员工以工作绩效换取可持续的就业能力。在这种情况下,良好的职业生涯管理就起到了非常重要的作用。有学者认为,良好的职业生涯管理可以帮助构建组织与员工个人职业生涯管理的"伙伴关系"。具体地说,就是充分利用组织内部的资源,将员工个人职业生涯的发展与组织的发展有机结合起来,使员工的职业成功能够在组织内部实现而不必流动到其他组织。在这种职业生涯管理模式中,组织和员工双方是合作共赢的关系(白艳莉,2007)。

第四节 职业生涯管理的发展

长期的职业生涯管理与规划并不会自然发生。人类进化的结果并未赋予我们大脑谋定长远未来的能力。因为人的生命是短暂的,不足以确保我们这个物种的存续。斯坦福研究中心的劳拉·卡尔斯坦森(Laura Carstensen)(2016)指出：人们需要开始思索更深层次的问题，比如健康、社会参与以及经济保障之后才会考虑职业生涯的问题。

职业是一个相对新颖的概念。事实上，对于大多数人而言，也是到20世纪初才开始进行职业规划和选择，拥有一份职业仅仅有100年历史。在那之前，很多人自然而然地延续了其父辈们的职业选择。比如，倘若你是一位男性而且父亲是一位农场主或者店主，你多半也会紧随他的步伐。同样，如果你是一位女性，那通常从事的也是和你母亲同样的职业。如果你的家庭非常富裕或者属于特权阶层，你可能会成为牧师、物理学家、老师、艺术家或者政府官员。当然，如果你是男性，这种可能性将更大。所以，职业选择在那时基本上不是由自己决定的，你只需沿循家庭环境为你设定好的职业路径。

而现在的情况与当时大相径庭，这源自产业革命推动的一系列变革。新兴大型产业的出现，诸如石油、铁路、纺织、汽车、建筑、木材以及钢铁等，促成了经济转型。产业化所创造的工作吸引了大量农场工人，他们希望借此积累财富，提高生活质量。这些工作都是前所未有的。从此便有了职业选择，而不再因循父辈们所设定的职业路径。

于是，学者们逐渐完善了职业这个概念，其不仅仅是一份职业或工作，而且还是一个持续的选择如何生活的决策过程。时至今日，职业规划已截然不同，全球化和环境剧变改变着我们对于何时、何地、如何、为何工作的思考和抉择，从而改变着与职业相关的几个核心问题。例如：

（1）工作性质不断变化。以前的终身雇佣已不符合大多数公司的现实。工作和组织也变得越来越国际化，而不仅仅限于某一个国家。

（2）工作方式趋向灵活。除了40个小时/周带福利的工作方式外，现在很多员工采用的是非全日制工作(Part-Time Job)、弹性工作制、临时性工作、应激性工作、远程工作或其他不带福利的替代性工作。这些新兴的柔性工作安排增加了职业管理的复杂性。

（3）员工构成日益多元，在社会经济变革推动下，工作场所的员工队伍也越来越多元，不同性别、年龄、种族、民族，以及性倾向(LGBTQ)等具有不同文化背景的员工深入合作，共同工作。这对职业态度、技能等提出了新的要求和挑战。

（4）工作-生活平衡也悄然改变。随着越来越多的女性走出家庭步入职场，工作的组织方式以及日常家庭生活也相应发生改变。"爸爸"开始分担家务、照看小孩，从而为女性外出工作创造更大空间。工作-生活平衡的诉求以及女权运动的发展，也使得组织需要重新界定工作职责和分工，赋予女性与男性同等的机会与权利。不管是男性还是女性，其职业规划与选择也在逐渐变化。

（5）工作手段在进步。技术的发展极大丰富和扩展了人们进行职业选择的可得性资源。计算机、存储技术、书籍、多媒体、印刷术等职业干预技术，使得每个人的职业发展具有无限可能，但在为其带来机遇的同时，也带来了决策的不确定性和复杂性。

总之，社会经济的变化使得职业生涯规划面临更大挑战。了解和学习如何制定和执行职业生涯管理对组织和个人也日益重要。

第五节 职业生涯管理的必要性:变革的视角

自产业革命以来,社会、经济、文化、技术等不断发展,导致社会契约、组织类型、工作方式等不断发生改变。人们面临的职业选择更多、职业环境更复杂,凸显了有效进行职业生涯管理的必要。

一、社会契约的变革

时至今日,个人与组织之间的"社会契约"(Social Contract)已发生剧变。在之前,如果员工忠诚于组织,并且为其效忠直至退休,那么组织也会一直保留该员工的组织身份,并会为其支付退休后的福利。忠诚会换来经济保障,这是旧有社会契约的核心。

然而,这一契约发生了实质改变。组织现在将员工视为生产过程中的一部分,与机器、厂房、资金等一样。生产工作变成商品,组织可以从市场中购买,如同购买水、电以及原材料一样。对组织的忠诚和长期承诺不再是社会契约的一部分。而员工唯一可期待的就剩下组织提供的培训,以保障其具有胜任力和竞争力(Gutteridge, 1993)。现在的社会契约则基于员工的培训与开发机会,员工也因而将对组织的承诺转向对职业的承诺。与此同时,工作保障(Job Security)也转向可雇佣性保障(Employability Security)。这意味着员工更愿意提高被市场所需求的技能和能力。那么,在新的社会契约下,员工对其自身的技能以及同事之间的关系更具承诺。社会契约的变革在根本上决定着职业生涯管理的哲学、策略及实践。

二、组织类型的演化

随着社会经济的发展以及技术的进步,职业所依托的组织也演化出多种类型,主要有如下几种:

1. 营利性组织

私有组织包括营利性和非营利性的。营利性组织包括财富500强公司,以及一些小型家族企业和自雇佣企业(创业型)。这是经济体中最主要的组成部分,创造了最多的岗位。这些组织通常被称之为私营企业,不过某些学校、慈善机构、宗教组织以及社会服务组织也有可能属于这种类型。

2. 非营利组织

大多数教堂、慈善机构和社会服务组织都属于经济体中的"服务部门"。这类组织包括红十字会、环境保护基金、国家足球联盟以及一些学术组织。

3. 创业型非营利组织

这是一种新兴组织形式，由营利和非营利组织结合而成，通常是通过盈利手段实现创业目的。比如，红十字会收集血浆，有偿供给医院和健康中心，利用所获利润更好开展血液收集工作。再比如捐赠组织(Goodwill Industry)，视其为一个社会创业者。通过收集、翻新、销售二手衣服和日用品募集资金。

4. 政府组织

政府组织主要包括经济体中的"公共部门"，包括教育、立法、警察、消防、财政、林业等，下设数百种部门、办公室、管委会等。政府组织与私有组织有着截然不同的工作设计和文化氛围。

不同组织对应着不尽相同的职业分类及发展通道，也需要针对性的职业生涯管理策略和建议。

三、工作方式的变化

除了组织形式日益多样以外，员工的工作方式也衍生出多样替代性方案。而最主要的变化就是从固定转向灵活。Kallenberg(2009)将转型时期出现的"不稳定工作"(Precarious Work)界定为对员工而言是一种不确定性的、不可预测的、具有危险性的雇佣。除以下第一种外，其余都属于第一种的替代性方案。

1. 永久性全日制工作(Permanent Full-Time Position)

曾经最常见的工作是一周40小时的标准固定工作。但是，这种"永久性"工作已逐渐成为过去时。现在新雇佣的员工很少会将一生都奉献给一个雇主。永久性职位通常是终身性的，除非被解雇或离职。处于永久性职位的员工直接为组织效力，通常享有全额福利，包括医疗保险、养老金计划等。不仅如此，他们还拥有一些特殊保护，比如最后被解雇时，薪资有更大保障。不过近年来，一些组织也已开始尝试对这类工作实施弹性方案。虽然现在工作不像之前那样固定，核心员工仍主要占据这类职位。

2. 非全日制工作(Part-Time Job)

非全日制工作被定义为周工时为1～34小时。这是最为广泛的一种替代性工作方式。而且其他替代性工作方式也越来越多地采用这种安排。非全日制工作对于雇主而言是一种简单便捷的调整劳动力需求的方式，以此应对消费需求的变化。而那些还需要在别处工作的员工也很喜欢这种方式，他们可以身兼数职，比如斜杠青年。非全日制工作通常有固定薪水，但不享有医疗等福利。

3. 弹性工作(Flextime)

弹性工时或弹性安排，是组织提供的另一种替代性工作方式。这也是一种最常见的实践,员工可以自己设定工作计划。具体的弹性方式包括：

(1) 压缩工作周(Compressed Week),一周工作 4 天,每天 10 小时。

(2) 工作时间从早上 6∶30 到下午 3∶30。

(3) 有半小时午饭时间。

(4) 补偿性工作(Compensatory Work):某些天工作更长时间,累积可换取此后的休息。

(5) 周末工作。

组织提供这类弹性工时安排是为了让员工能够兼顾家庭义务以及照顾病人等职责。这种安排同时还可以缓解高峰时期的交通堵塞,降低社区基础设施的负荷和压力。

4. 超时工作(Overtime)

当面临需求增长时,雇主通常会要求员工加班,工作时间超过一周 40 小时的标准。这时,从事小时工作制的员工(非豁免型)通常处于两难境地:每周工作更多时间意味着更少地陪伴家人、朋友以及休闲。但如果拒绝加班,就会被雇主视为缺乏承诺或不热爱工作。

一项针对美国大型企业的研究发现,虽然大多数员工不希望投入过多精力在工作上,但他们往往仍会选择加班(Hochschild,1987)。这类情况在豁免型员工,比如高管和经理层也同样存在。相对来说,这类人员的超时工作更加普遍,一周往往会工作 40~60 小时,甚至更多,不管是在家里或者办公室。不过,近期也有呼吁立法为这类人员的超时工作提供适当补偿。

5. 轮班工作(Shift Work)

精益生产(Lean Production)和零库存制(Just-In-Time)促使组织转向 24 小时工作制。夜班以前通常仅限于蓝领工人和医院工作人员,但现在这种方式也普及到其他工作。比如,需要 24 小时全天候工作的银行。轮班工作包括晚班、夜班以及周末班工作。不过,这种非标准时间的工作带来很多问题,诸如轮班工人及其家人的健康与安全。

6. 兼职工作(Moonlighting or Multiple Jobholding)

兼职工作主要有如下三种形式:① 两份非全日制工作;② 一份全日制工作加一份非全日制工作;③ 两份及以上全日制工作。

兼职工作的好处在于提高收入,增加知识和技能,照顾家庭。但这可能是个人经济压力、就业市场不景气或者高工作成本的表现。

7. 工作分享(Job Sharing)

工作分享也是全日制、标准工作的一种替代方案。通常是由两名员工共享一份工作。按照一周 40 小时工时计算,每个人每周工作 20 小时。通常,共享的两名员工会有 2—3 小时的交集,比如共同参加例会或临时会议。

工作分享的好处在于可以提高员工士气和生产力,有助于保留核心员工,还可提高工作安排上的灵活性。不过,这种方式的挑战在于,共享同一工作的两个员工必须紧密合作、有效沟通,确保工作任务保质保量按时完成,并可以很快适应工作安排上的临时调整。

8. 远程工作(Telecommuting)

地点灵活的远程办公也是近期日益盛行的一种替代性工作方式。它是一种在地理上远离办公室或雇主所在地的工作方式,其中,在家办公是最常见。不过并非所有在家办公都属于远程工作。

远程办公可以在任何地方,飞机、火车、出租车、咖啡厅、虚拟办公室、酒店等,只要能连接互联网。这种方式得益于现代技术(计算机、智能手机、互联网、电子邮件)的支持。2020年席卷全球的新冠肺炎,几乎导致所有学校、公司、政府组织等关闭。也正是通过这种方式确保了基本学习、工作的持续。

远程工作的优势也日益凸显,诸如提高生产力、降低缺勤、提高留职率等,但不利于降低工作-家庭冲突。Noon和Glass(2012)研究指出,这种方式似乎演变成一种延长工作时间的工具。员工不知不觉在工作上付出更多时间,雇主也借此增加了付薪员工的工作强度。另一个弊端在于在这种方式下,成员之间很少见面,会影响团队沟通和建设。再有,如果雇主没有支付配置计算机、话费、保险、培训,以及其他在家办公的开销,那么个人将承担更多成本。

9. 自雇佣(Self-Employment)和独立签约者(Independent Contracting)

自雇佣者是美国就业市场的重要来源。他们通常也会组建公司,以便享受公司结构的基本福利,比如有限责任、税收优惠以及更好的筹资机会。

男性的自雇佣率高于女性,更多地从事建筑或管理工作。据统计,在2015年,未组建公司的男性自雇佣率为7.4%,高于女性的5.2%;而组建公司的男性自雇佣率为4.9%,女性为2.3%。尽管并非每个人都能很容易地成为自雇佣或者小企业经营者,但这也是一条实现个人理想的途径。

独立签约者是指那些靠自己获得客户的人。随着近年来零工经济(Gig Economy)的发展,这一形式方兴未艾,但政府实际很难准确统计到底有多少人从事这类工作。因为现在很多工作的承担者,很难界定到底属于员工还是自雇佣者。那些从事管理、专业(比如律师、会计)、销售、定制化生产工作的人,通常都是兼职,既可能是附属于某个组织的员工,也可以是自雇佣的独立签约者。

10. 合作型工作(Cooperatives)

合作型工作的组织是由员工所有的企业。像美国的Credit Union, Ocean Spray, Land O'Lakes, Sunkist, Welch's以及REI等,都属于典型的合作型组织形式。这类组织有时是为了实现社会性目标而不仅仅是纯经济性追求。

发展到今天,工作形式已从原来的固定全日制演化出众多更为弹性灵活的方式。作为初入职场的大学毕业生,将面临更多、更复杂的职业选择和考虑。本书旨在帮助你们更好地认清自己和环境,以便做出更符合自己价值和追求的职业决策,从而规划好自己的职业生涯。

本章小结

1. 定义
职业　职业生涯　职业生涯管理
2. 职业生涯管理的作用
3. 职业生涯管理的必要性

复习与思考

职业生涯管理到底是组织的责任还是员工的责任?

有学者认为,职业生涯管理最初仅仅被看作个人的事,员工根据自己的条件和外部环境的影响设立目标,寻求职业发展路径并实施职业生涯发展计划。这就是最初的以个人为中心的职业生涯管理(赵曙明、赵宜萱,2019)。有学者认为,从职业生涯管理的发展历史可以发现,西方在20世纪70到80年代中期,组织职业生涯管理是主导的职业生涯管理。然而,随着企业稳定性下降,企业倒闭、兼并、裁员增多,员工对企业能否长期提供工作产生了动摇,不得不自己考虑自己的职业前景,逐渐地变成了职业生涯管理的主体,现在是组织和个人均进行职业生涯管理,也许将来有些组织的职业生涯管理完全由个人来进行(龙立荣等,2001)。

应用案例分析

2020年初,受疫情影响,盒马鲜生联合西贝、云海肴等餐饮企业开展"共享员工"合作,部分员工将入驻盒马鲜生各地门店,主要负责打包、分拣、上架等服务和流程性工作。随后,沃尔玛、京东、苏宁、联想等知名企业也纷纷加入"共享员工"的潮流。这种方式促进了闲置员工的再利用,缓解了疫情对企业、员工乃至经济的冲击,但是仍然存在很多令人担忧的问题。中国信息化和产业发展部发布的《中国共享经济发展年度报告(2019)》显示,2018年我国共享经济交易规模29 420亿元,比上年增长41.6%。但是,目前"共享员工"在薪资福利上远低于正式员工,在劳动关系上更缺乏成熟的法律保障,"共享员工"的招聘、考核和奖惩也存在颇多漏洞。而且,"共享员工"更接近零工经济,员工通过互联网实现与需求方的自由匹配,在空余时间赚取外快。只不过疫情之下的"共享员工"是由企业双方,而不是员工个人主导的。

"共享员工"最先为服务行业和知识行业带来了春天。外卖、快递等业务的迅猛发展，使配送小哥成了最先受益的群体。美团、闪送等公司早早地尝试过共享员工模式，平衡不同时段业务量的波动。疫情之下，酒店、餐饮和零售行业的员工成了关注的焦点。这些服务行业主要以劳动时间为共享资源，而知识行业主要以知识技能为共享资源。传统的人力资源模式下，一位专家只能服务于特定的企业。但随着互联网众包和斜杠生涯的兴起，原本只能为大企业服务的专家级知识技能，可以转向为更多的中小企业提供咨询帮助。比如猪八戒网、在行等互联网平台。疫情之下，大量专家机构转战抖音、快手等直播平台，形成了一次社会性的专业知识共享。

资料来源：新浪财经2020年3月5日《疫情之后"共享员工"是新风口还是自救圈？》

思考题：
1. 你认为共享员工未来的发展趋势如何？
2. 共享员工的利弊在哪里？
3. 共享员工是租赁经济，还是共享经济？
4. 共享员工的职业生涯管理如何得到保障？

第二章 职业生涯管理的基础理论

开篇故事

据"BOSS直聘"发布的报告,截至2020年3月31日,在春招季(2月3日以来),活跃求职的2020年应届生较2019年增加了56%,但企业对应届生的招聘需求规模却同比下降了22%。2020年受全球新冠肺炎疫情的影响,我国的大中小企业停工停产了2个多月,遭受了巨大的经济损失,企业为了生存而裁员,减少招聘需求。数据还显示,2020年应届生岗位的平均招聘薪资为5 838元,平均期望薪资却高达6 139元,实际薪资与期望薪资不对等,这部分反映了应届生的能力与企业的要求存在一定的差距。应届生的求职状态只是目前劳动力市场供需状况的一个缩影。企业的员工,特别是零售业和餐饮业的员工2020年面临的压力更大。所以为了在激烈、复杂的市场环境中生存下来,员工要做好自身的职业生涯管理,根据个人的优势和特长来选择适合自己的职业,对从事的职业有清晰的认知,实现人与岗位更好地匹配,进而促进自身的发展和组织目标的实现。现实的状况是很多员工不知道如何进行个人的职业生涯管理,很多时候都是依靠别人或自己的经验来管理自己的职业生涯。新的职业种类已层出不穷,传统的职业种类可能会进行重组,尤其是在第一产业和第二产业中会较为明显(周文霞,2004)。其次终身依附一个组织的固定职业数量会不断下降,而相对独立、不依赖于任何组织的自由职业数量会增加(周文霞,2004)。哲学家罗素说:"选择职业是人生大事,因为职业决定了一个人的未来,……选择职业就是选择将来的自己"。鉴于此,职业生涯管理到底是什么?是否对职业生涯管理有了正确的理解的同时可以帮助企业和员工一起得到双方想要的工作效率?

第一节 职业选择理论

职业选择是指人们从自己的职业期望、职业理想出发,依据自己的兴趣、能力、特点等,结合自身所处的外部环境条件,从社会现有职业中选择一种适合自己的职业的过程。职业选择体现了劳动者与职业岗位互相选择、互相适应的过程,在人们的职业生涯中可能不止发生一次。**职业选择理论源于19世纪心理学的研究**,探讨的是人们进行职业选择的**依据和规律**。职业指导专家如帕森斯(Frank Parsons)、罗伊(Anne Roe)、佛隆(V. H. Vroom)、爱德华·鲍亭(Edward Bordin)、霍兰德(John Holland)、克鲁姆波特(krumboltz)等人发展了该理论。之后心理学的发展、职业信息资料的建立,更充实丰富了职业选择理

论,使之成为职业生涯管理中的奠基性理论。如上所述,职业选择理论基于以下几个理论发展而成:

1. 特质因素理论

特质因素理论也叫职业-人匹配理论(Trait-Factor Theory),最早由美国波士顿大学的帕森斯(Frank Parsons)教授提出,是最早的职业指导理论,也是职业选择与职业指导最经典的理论之一。帕森斯首先提出了职业选择的"三步范式"法。之后,美国职业指导专家威廉斯进一步发展了帕森斯的理论。随着差异心理学、心理测量技术的发展、职业信息资料的建立,充实丰富了特质因素理论,使其成为职业生涯管理中的奠基理论(周文霞,2004)。将在本章第四节重点论述。

2. 人格发展理论

20世纪60年代,罗伊(Anne Roe)依据自己所从事的临床心理学经验及对各类杰出人物有关适应、创造、智力等特质的研究结果,综合了弗洛伊德的精神分析论、莫瑞的人格理论与马斯洛的需求层次理论,提出了人格发展理论(Personality Development Theory)。人格发展理论认为遗传因素和儿童时期的经验(亲子关系、家庭氛围)对个体未来的职业行为有影响,未满足的需求是个人的重要择业动机。罗伊认为需求满足的发展、个人早期的家庭氛围、亲子关系与之后的职业选择有密切的关系。如在个体成长过程中,家庭氛围是温暖还是冷漠,父母对他是接纳还是拒绝,父母对他的行为是自由放任还是保守严厉,这些都会反映在个人的职业选择上。具体来说,我们选择的工作环境,往往会反映出幼年时的家庭氛围。如果我们儿时生活的环境充满爱、温暖、接纳或保护,就可能选择与人有关的职业,比如服务业、商业、文化艺术等一类的职业;如果我们小时候生活在一个冷漠、忽略、拒绝或适度要求的家庭中,便可能选择科技、户外活动一类的职业,因为这些职业的研究范围是以事、物和观念为主,不太需要与人有直接频繁的接触。人格发展理论兼顾了个人内外背景,但其理论基础有待验证,亲子关系和职业选择是否有联系也不确定,而且没有操作性强的指导方法,缺乏有效的测评技术(Roe, 1949; Roe, Siegelman, 1963; Roe, 1972)。

3. 择业动机理论

1964年,美国心理学家弗洛姆(V. H. Vroom)在其所著的《工作和激励》一书中提出了择业动机理论(Career Motivation Theory),即个体行为动机的强度取决于效价的大小和期望值的高低,动机强度及效价与期望值成正比,择业动机的公式为:$F=V\times E$。式中F——动机强度,指积极性的激发程度,表明个体为达到一定目标而努力的程度,V——效价,指个体对一定目标重要性的主观评价,E——期望值,指个体对实现目标可能性的估计,即目标实现概率。择业动机公式表明,对择业者来讲,某项职业的效价越高,获得某项职业的可能性越大,择业者选择该项职业的意向或者倾向越大;反之,某项职业对择业者而言其效价越低,获得某项职业的可能性越小,择业者选择这项职业的倾向也就越小。这种择业动机理论为个人主观因素怎样影响职业选择提供了一些依据,但是个体行为动机的强度不易判断与测量,有一定的局限性。

4. 心理动力理论

西格蒙德·弗洛伊德(Sigmund Freud)早在20世纪初期,就曾讨论过关于人类动机和本能驱动的问题。爱德华·鲍亭等人在弗洛伊德个性心理分析的基础上,吸取了特质因素理论和心理咨询理论的一些概念和技术,对职业团体进行了大量的研究,于20世纪60年代后期提出:个人内在动机和需要等动机因素在个人职业选择过程中具有重要作用。他们将其称之为"心理动力理论"(Psychology Dynamic Theory)。鲍亭等人依据精神分析学派的观点,探讨职业发展的过程,将工作视为一种升华,而影响个体职业选择的动力则来源于个人早期经验所形成的适应体系、需要等人格结构。这个理论过于偏向个体内在因素的作用,忽视当事人所处的现实社会环境方面的因素,存在一定局限。

5. 职业性向理论

职业性向(兴趣、价值观等)是决定一个人职业选择的重要因素。职业性向理论(Occupation Orientation Theory)也叫人格类型理论,是由美国约翰·霍普金斯大学心理学教授约翰·霍兰德(John Holland)提出,在目前国外职业兴趣的研究中影响最大。该理论源于人格心理学的概念和大量职业咨询的实践研究,霍兰德从整个人格角度考察职业的选择问题。在该理论中,霍兰德将人们的工作环境划分为六种,并将不同的职业归属到其中的一种工作环境之中,人们总是积极寻找那些适合他们的职业环境和职业类型。霍兰德还将劳动者按人格及择业倾向大致分为六种类型:现实型、研究型、艺术型、社会型、企业型和常规型。

(1) 社会型(S)的共同特征是喜欢与人交往、善言谈、关心社会问题、渴望发挥自己的社会作用,典型的职业是教育职业者、社会咨询及公关人员。

(2) 企业型(E)的共同特征是追求权力、权威和物质财富,具有领导才能,典型职业是企业管理者、政府官员等。

(3) 常规型(C)的共同特点是尊重权威与规章、喜欢按计划办事、细心、有条理、较为谨慎和保守,典型职业是秘书、办公室人员等。

(4) 现实型(R)的共同特点是动手能力强、偏好于具体任务、不善言辞、缺乏社交能力,典型职业是技术型、技能型职业者。

(5) 研究型(I)的共同特点是抽象思维能力强、善思考、喜欢独立的和富有创造性的工作,典型职业是科学研究人员、教师、医生等。

(6) 艺术型(A)的共同特点是富有创造力、具有一定的艺术才能和个性,典型职业是艺术家、文学家等。

霍兰德所划分的六大类型有明晰的边界,以六边形标示出六大类型的关系(Holland, 1997)。

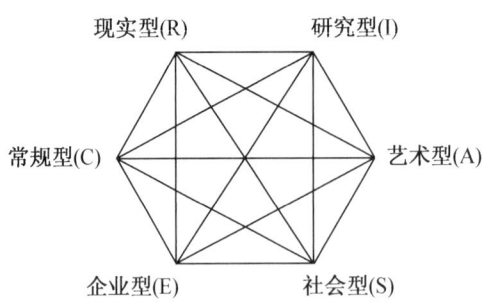

图 2-1 霍兰德六大人格类型

资料来源:王来顺.霍兰德职业选择理论及其现实运用[J].求索,2009,48(7):160-162.

从霍兰德人格类型六角形理论可以看出,相关程度较高的职业性向是相邻关系,如 IR,RI,AI,IA,SA,AS,ES,SE,CE,EC,RC 及 CR,相邻关系的几种类型的个体之间有着诸多的共同点;其次是相隔关系,如 RA,RE,IC,IS,AR,AE,SI,SC,EA,ER,CI 及 CS,相隔关系的几种类型的个体之间的共同点相对较少;那些极不相关的则是位于六边形中对角线位置的相对关系,如 IE,RS,SR,AC,CA 及 EI 相对关系的人格类型共同点少。因此,一个人同时对位于相对关系的两种职业环境,而且对这两种相对位置的职业都感兴趣的案例较为少见。

霍兰德认为,只有职业者的职业兴趣与职业环境相一致,他才能达到工作的最佳状态,劳动者的才能与积极性才会得以高水平地发挥(Holland,1997)。大多数人实际上都并非只有一种职业性向,如果他具有的两种职业性向是紧挨着的,那么他将会很容易选定某种职业;如果职业者的职业性向是相互对立的,这时多种兴趣将会驱使他在多种不同的职业之间去进行选择,于是,他在进行职业选择时就会犹豫不定。该理论本质是劳动者职业性向与职业类型的相互匹配,以达到适应的状态,进而发挥员工的才能与积极性。

霍兰德的职业性向理论把人作为一个整体加以研究,提出个性的整体结构并加以分类,克服了特质因素理论把个性分解为各种简单要素的片面性,有助于职业指导过程中对人格及职业的分析、解释和诊断。同时霍兰德的六种人格类型的划分,是基于经验概括,并经过长期的实验研究,不断修正和发展而来的,有许多被广泛使用的测量工具都是以霍兰德的理论为依据,如霍兰德本人编制的自我探索量表、斯特朗兴趣量表、电脑生涯辅助系统"发现者"和国内的北森职业兴趣测评等,都有相当的实用价值。他提出的六种职业类型包括了美国职业词典上所有的行业,因而其理论具有科学性和可行性。但是,这一理论没有涉及人格类型是如何变化发展的,所以他的职业选择与指导是建立在六种想象的人格类型和职业类型上,显得这一匹配过程太过机械。

以上理论均是从心理学的角度提出来的,以心理学的原理和研究方法为基础,反映了当时心理学在职业选择理论中的重要地位。后来克鲁姆波特(Krumboltz)加入了社会学的因素对职业选择理论进行研究。

6. 社会学习理论

社会学习理论最早由西尔斯(Sears)提出。西尔斯的关注点在于社会化的过程,探讨儿童如何将他们成长中的社会文化中的价值观、态度与行为特征内化成为自己的特征（Grusce，1994）。社会学习理论后续的主要代表人物是班杜拉（Bandura）和克鲁姆波特（Krumboltz）。班杜拉的社会学习理论主要包括观察学习理论、三元交互决定论、自我效能感理论。班杜拉认为以往的学习理论学家通常是用物理方法进行动物实验以此来创建他们的理论体系，这种研究方法忽视了社会变量，对于作为社会一员的人的行为来说没有多大的研究价值。而且，相关的理论需要有一定的预测能力和准确定义偶然发生的因素，所以他主张在社会情境中来研究人的行为。观察学习理论的核心是观察学习，个体以旁观者的身份观察他人的行为表现、已形成态度和行为方式，尤其是一个人从孩童时期的大部分学习都是通过观察模仿进行的。班杜拉认为，观察学习包括注意过程、保持过程、生成过程、动机过程四个过程。三元交互决定论认为在行为的发生过程中，有三类因素在综合起作用：环境（资源、行动结果、他人和物理条件）、个体（信念、预期、态度和知识）和行为（行动、选择和言语表述），这三类因素互为因果，彼此联系，共同决定了行为的发生。自我效能感理论是指个体对自己在特定情境中是否有能力获得满意的预期，个体的效能预期越高，越倾向于做更多的努力。直接的成败经验、替代性经验、言语劝说、情绪的唤起和情境条件都会影响自我效能感的形成（Bandura，Walters，1977；Krumboltz, et. al, 1976）。克鲁姆波特在班杜拉研究的基础上完善了社会学习理论。克鲁姆波特考虑到了基因遗传、环境条件、学习经历和各种任务处理技巧，在理论上对做出职业生涯选择时需要注意的一些认知和行为表现都给予了详细的解释。比如说，强化和模仿都是很重要的，这些技巧对于职业生涯咨询师和咨询者本人来说都是很有帮助的。社会学习理论探讨了个体是如何做出职业生涯选择的，强调了人们的行为和认知在职业生涯选择中所起的重要作用。该理论突破了前人主要以心理学为研究基础的职业生涯选择理论，加入了社会的因素，强调了学习经历和任务处理技能对于职业生涯选择的重要性。

综上所述，职业选择理论重在从个体的角度探讨人们的职业倾向与职业行为，重视个人的需要、动机、动力、兴趣、人格等内在因素对职业选择的重要作用，重在强调人与职业的匹配以及个人如何根据主客观条件做出职业选择。同时，强调心理因素在职业选择中的支配作用，强调个体差异。它的现实意义在于，我们可以以这一理论为基础进行职业生涯规划的第一步：自我认知、自我评价。当然，这种理论发展的时间较早，过于静态和片面，忽视了许多其他的因素，不能适应职业发展变化的规律。因此，重在研究职业选择过程的职业生涯发展阶段理论，在与选择理论的交叉发展中逐渐成为主流。

第二节　职业生涯发展阶段理论

职业生涯发展阶段是指个人职业生涯中具有各种不同特征的时期，这些不同的时期可分为连续的几个阶段，每个阶段都有自己的特征和相应的职业发展任务，因此在不同的职业生涯发展阶段有不同的职业方式和内容。职业周期是指组织中的个人在职业的各个年龄阶段中的位置特点（林崇德，2003）。职业生涯发展阶段理论的依据是个人在不同时期的职业生涯特征以及与之对应的不同的职业发展任务。目前,大多数学者认为职业生涯发展阶段理论和职业周期理论是类同的,但是职业生涯发展阶段理论又被不同的学者分为不同的阶段,比较具有代表性的是以下学者的相关理论:

1. 三阶段理论

美国著名的职业生涯指导专家金斯伯格(Eli Ginzberg)选择美国富裕家庭的适龄年轻人,关注他们从童年到青少年的职业心理发展过程,将职业生涯发展分为了幻想期、尝试期和现实期三个阶段(Ginzberg,1951)。他认为,青少年的职业选择受到4个因素的影响,分别是事实因素、教育过程、情感因素和个人价值观。个体的职业选择并不是一次性做出的,在11岁之前处于幻想期,认为自己什么都可以做;在12岁到18岁之间,个体处于尝试期,开始结合自己的兴趣、能力以及价值判断考虑自己的职业选择;到成年初期的现实期,个体开始认真考虑职业选择的后果及应该承担的责任(Eli Ginzberg,1951)。在由此可见,这一理论研究的是个体在首次就业之前的职业预期与职业选择心理的成长与发展过程。

2. 五阶段理论

所有的阶段分类方法中,最有代表性的划分方式是五阶段划分理论,因为它从个人终身发展的角度出发,细致地阐述了个人在不同的年龄阶段所对应的职业发展任务以及职业位置。例如,Miller和Form(1951)将人的职业生涯发展阶段划分为准备工作阶段(0~15岁)、最初工作阶段(15~18岁)、试验阶段(18~34岁)、稳定阶段(35~65岁),退休阶段(65~)五个阶段;Hall和Nougaim(1968)把职业生涯发展阶段划分为工作前阶段(0~25岁)、确立阶段(25~30岁)、前进阶段(30~45岁)、维持阶段(45~65岁)、衰退阶段(65~)五个阶段;Holoviak(1984)则把职业生涯发展阶段分为职业探索阶段、职业建立阶段、职业稳定发展阶段、职业成熟阶段和职业衰退阶段。而由美国著名的职业生涯管理专家萨帕(Donald E. Super)提出的五分法被广泛应用。萨帕经过20多年的大量实验研究,提出了人一生完整的职业发展阶段模式,这是他对职业发展研究的最主要的贡献,也是其理论最有影响的部分。萨帕的职业发展理论从人的终生发展角度出发,把整个人生分为成长阶段、探索阶段、确立阶段、维持阶段和衰退阶段。

表2-1 萨帕职业生涯发展阶段

发展阶段	年龄	主要任务	阶段细分
成长阶段	4~14岁	开始了解工作,形成自我概念以及正确的世界观	幻想期(4~10岁)、兴趣期(11~12岁)、能力期(13~14岁)
探索阶段	15~24岁	使自己的职业从具体化、特殊化到实际化,个体会在与社会的各种接触互动中进行角色与职业的探索	试探期(15~17岁)、过渡期(18~21岁)、试验及承诺初期(22~24岁)
确立阶段	25~44岁	开始寻找适当的职业领域,并在该领域建立稳固的职业地位	尝试期(25~30岁)、稳定期(31~39岁)、危机期(40~44岁)

(续表)

发展阶段	年龄	主要任务	阶段细分
维持阶段	45～64岁	维持目前的发展形式,积极面对新的挑战	
衰退阶段	65岁～	工作停止,准备退休	

资料来源:Super D E. Life-span, life-space approach to career development. Career Choice and Development[M], 1996.

萨柏将成长阶段界定在4岁到14岁,这个时期儿童的自我概念逐步形成,需要与幻想是这一时期最主要的特征,该阶段又可进一步划分为幻想期(4～10岁)、兴趣期(11～12岁)、能力期(13～14岁),这一阶段的主要发展任务是形成开始了解工作的意识、形成自我概念以及正确的世界观;15岁到24岁之间可以成为探索阶段,这一阶段又可进一步分为试探期(15～17岁)、过渡期(18～21岁)、试验及承诺初期(22～24岁),个体的发展任务主要是使自己的职业从具体化、特殊化到实际化,个体会在与社会的各种接触互动中进行角色与职业的探索;25岁到44岁是确立阶段,在这个阶段人们开始寻找适当的职业领域,并在该领域建立稳固的职业地位。该阶段又可进一步分为尝试期(25～30岁)、稳定期(31～39岁)、危机期(40～44岁),这是个体职业生涯发展过程中最为关键的时期,也是创造力迸发的时期,个体会在这一时期取得职业生涯最大的进步;45岁到64岁是维持阶段,在这个阶段个体已经有了一定的职业地位,但是创造力在下降,这一时期最主要的任务是维持目前的发展形式,积极面对新的挑战;65岁以后个体进入了职业发展的衰退阶段,这个阶段个体的身心发生了很大的改变,工作停止,准备退休(Super,1980,1996)。

萨柏还描绘了职业生涯彩虹图(如图2-2所示)。在图中,纵向层面代表的是纵观上下的生活空间,是由孩子、学生、休闲者、公民、工作者、配偶、持家者、父母8个角色和相应的职位组成(Super,1996)。在个人发展历程中,随年龄的增长而扮演不同的角色,图的外圈为主要发展阶段,内圈阴暗部分的范围,长短不一,表示在该年龄阶段各种角色的分量;在同一年龄阶段可能同时扮演数种角色,因此彼此会有所重叠,但其所占比例分量则有所不同(Super,1996)。

萨柏的职业生涯发展理论不仅仅能够帮助个体对自己的职业生涯有更好的把关,而且能够帮助组织更好地掌握不同生涯发展阶段的员工职业选择与偏好。然而不可否认的是,职业生涯是一个持续动态的过程,因此无法界定每一个阶段的具体时间界限,这还会因个体自身条件的差别以及所处环境的差别而有所不同,因此该理论在实际操作方面还存在一定的困难。

相对比较著名的是美国心理学博士格林豪斯(J. H. Greenhaus)的职业生涯发展理论。以不同年龄阶段在职业生涯发展过程中所应该承担的责任和任务为标准,把职业生涯划分成为五个阶段,分别是职业准备阶段、进入组织阶段、职业生涯初期、职业生涯中期和职业生涯后期(Greenhaus,2010)。该理论打破了以往以年龄为划分依据的研究方式。

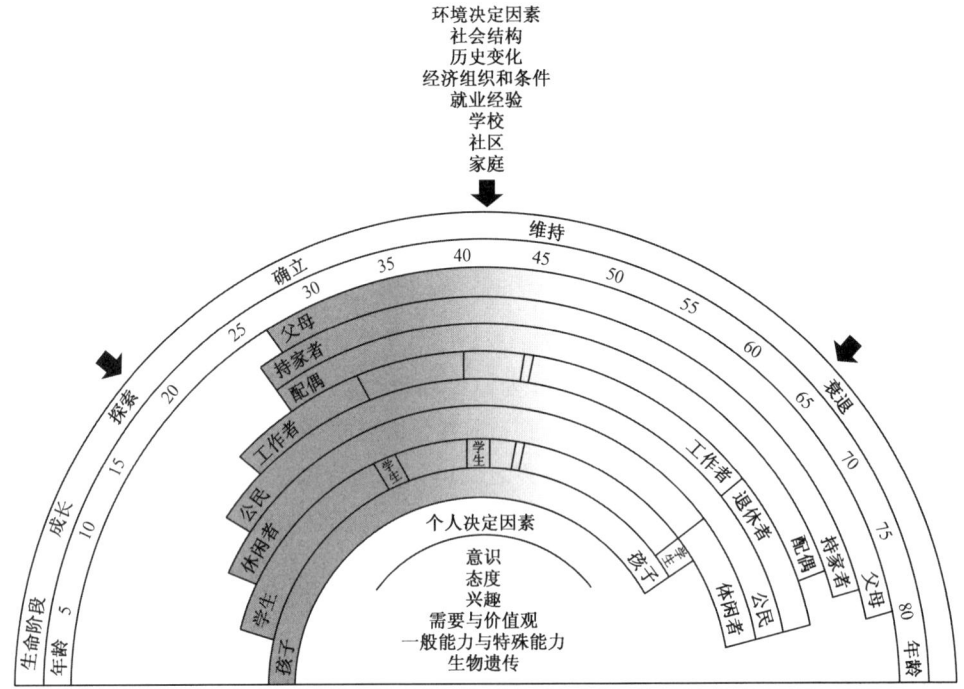

图 2-2　萨柏(super)的职业生涯彩虹图

资料来源：宁甜甜. 人力资本与社会资本对高层次人才职业生涯发展的影响研究[D]. 天津：天津大学出版社，2014.

3. 九阶段理论

美国著名的心理学家和职业生涯管理学家施恩（Edgar H. Schein）根据人的生命周期，每一个年龄阶段职业生涯发展过程中应该承担的主要责任把职业生涯发展划分成了九个阶段：成长、迷惑和探索阶段（0～21岁），进入工作世界，基本培训阶段（16～25岁），早期职业生涯（17～30岁），中期职业生涯（25～　），中期危机（35～45岁），后期职业生涯、衰退阶段（45～　），退休阶段（Schein，1978）。虽然施恩是按照年龄顺序划分职业生涯发展阶段，但是他并未禁锢于此，而是兼顾了职业状态、职业行为、负责任务等。因此，施恩界定了职业生涯发展大致的年龄跨度，但是在划分职业生涯发展阶段时，年龄上还是有所交叉的。

施恩认为，职业生涯发展实际上是一个不断持续动态的过程，每一个个体在职业生涯发展过程中都可以根据自己的天赋、技能水平、目标、需求、趋向和价值观等自身特质形成较为清晰的与职业有关的自我定位。

第三节　职业生涯管理模型

我们目前常见的职业生涯管理模型主要有以下四种类型：

1. 自我职业生涯管理模型

自我职业生涯管理模型是最早的职业生涯管理模型,出现在20世纪60年代末70年代初的美国国家培训实验室(National Training Labs)。它的特点是基于员工个人的主观意识,强调自主性和主动性,并且更多地由员工个人为实现自己的职业生涯目标而开展各项措施。当时的员工个人自愿报名参加实验室的培训课程,这些课程的内容通常都独立于员工工作环境之外;而员工所在的组织通常不了解员工学习的内容及学习的进度,而组织的主要角色只是负责支付培训费用。此类的培训课程主要集中于员工个人发展,及个人价值的实现,而课程的组织及策划都是通过咨询心理学专家来完成的。

参加此类培训课程的员工个人通常会感觉到组织的认可,重新焕发工作的动力,也对组织的业务开展及其最终实现目标有清晰的认识。但是职业生涯管理的方式只是由员工个体进行的,组织没有就外部环境予以支持,员工无法采取任何直接的、可量化的行动,将组织所开展的业务活动与自己的工作结合起来(于华,2006)。因此员工对组织没有感情,当员工有更好发展机会时,员工通常会选择离开。

值得一提的是,目前绝大部分的中国本地企业还停留在该阶段,没有将员工的个人职业生涯规划与组织的发展有机结合起来,从而导致员工发展了,企业却未从中获益。

2. 组织职业生涯管理模型

20世纪70年代中期,组织职业生涯管理模型在美国发展起来,其特点主要是组织识别员工职业发展路径,追踪员工的职业发展。与自我职业生涯管理模型不同的是,该模型加入了组织"评估中心",职业生涯管理更多地由组织管理层驱动。

20世纪60年代末70年代初,"评估中心"进行职业生涯管理所使用的工具在美国电话电报公司开始出现并得到进一步发展。"评估中心"的主要任务是培训潜在的经理层,通过将有潜质的员工置于经理级所涉及的日常工作中,以观察他们的业绩表现,有时这种课程也被称之为职业发展项目。但是,这种职业发展项目无一例外由公司管理层启动,并且严格地遵循组织利益至上的原则进行设计,由管理层决定谁可以参加该发展项目,如何设计项目内容,并且控制项目的进程。许多采用这种职业发展项目的组织机构,通常会为那些迅速成长的员工创造一种"特权制度"。于是有管理层提议:因为他是符合组织发展的、组织所需要的高潜质的人才,让我们给予他一些特别的项目,让他快速成长为组织的理想接班人,而这种情形可能会极大地伤害到其他员工,在组织机构内部形成显而易见的不平等。而某些时候,这种职业发展项目也带有单方一厢情愿的成分。例如,管理层发现了某位迅速成长的员工,从而在各个方面极力培养他,却没有和员工个人展开充分的沟通,直到有一天,管理层突然发现该员工辞职了,也无法理解原因所在。因此,这种职业生涯管理模型也存在相当大的问题。

3. 合作伙伴管理模型

合作伙伴管理模型始于20世纪70年代,一直发展到80年代,这个模型开始强调不同的需求、不同的角色扮演。

（1）组织的责任：提供职业生涯规划的资源、信息；为员工、积极参加具体实施职业生涯管理的管理者提供必要的培训；为员工提供技能培训以及在职锻炼和发展的机会。

（2）员工主管的责任：作为催化剂，使员工对职业生涯发展过程产生认识；评价员工的职业目标和发展的现实性；辅导员工，并与员工达成一致的职业生涯发展计划；跟踪员工的计划实施，提供咨询及指导，适时对员工发展计划进行更新。

（3）员工个体的责任：员工自我评估：自己的能力、职业兴趣和价值观；分析职业生涯选择的合理性；确立个人的职业生涯发展目标；与主管上级交换发展愿望，并与主管上级达成一致的职业生涯发展计划；落实达成的职业生涯发展计划，该模型有三种不同的角色扮演者，他们互相合作展开员工职业发展。

图2-3形象地展示了合作伙伴管理模型中职业生涯管理的三种不同角色的相互关系。

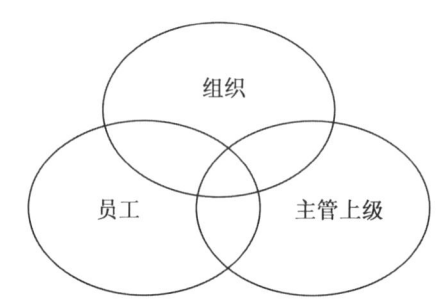

图2-3　合作伙伴管理模型中三种不同角色的关系

资料来源：于华.职业生涯管理的模型及历史演变[J].人口与经济,2006(4):89-91.

4. 职业生涯管理的新模型

从上面的论述可以看出，在早期的职业生涯管理模型中，其目的都是为了员工个人或组织机构内的某个职业发展项目。在20世纪70年代初期，职业生涯管理模型中一直忽略的角色是：员工的主管上级，他并没有在员工职业发展中扮演咨询角色，该角色在当时由组织外部的机构或专家来扮演。然而，只有员工的直接主管上级，才是真正需要在员工职业生涯管理中加入的角色，而不是人力资源部的人员，他们并不如员工的直接上级那样真正了解员工。

因此，20世纪80年代初期在职业发展方面有了一个显著的变化，就是员工主管上级在员工职业生涯管理中提供咨询及指导，而组织机构仅仅提供发展的外部环境和资源。组织机构从外部雇佣专业的人员进行职业生涯的培训，提供学习资料和培训教室。至此，职业生涯管理开始从自我职业生涯管理模型—组织职业生涯管理模型—合作伙伴管理模型，真正进入了现在所推行的新模型。实际上，新模型是历史上三种管理模型的集合体，它包括了合作伙伴管理模型的职能，并贯穿在了整个组织机构内部。

职业生涯发展的新模型可以在以下许多方面得到应用：

（1）接班人计划。

（2）人力资源的长期规划。

（3）在组织机构内部，中层管理层中推行整合的职业发展系统。

（4）主管级员工的激励。

（5）组织机构内部决策人员的异动。

表 2-2 职业生涯管理的新模型

员工的直接主管上级的角色及职责	员工围绕职业生涯管理所展开的个人活动	人力资源部的外在支持
咨询及指导	自我激励	辅助系统
评估者 • 评估并识别员工的职工兴趣，强项及弱项 • 给予员工关于其行为方式的反馈	**自我评估** • 职业技能 • 其他软技能 • 职业兴趣 • 管理风格	• 员工入职培训 • 导师培训课程 • 职业发展中心 • 个人职业发展咨询 • 绩效评估系统 • 职业生涯管理小组 • 职位描述 • 空缺岗位招聘系统 • 职位评级系统 • 职业路径系统 • 内部培训课程 • 接班人计划 • 主管/经理人发展计划
信息提供者 • 提供员工各种职业选择及可能出现的困难 • 给予员工明确的信息	**自我选择** • 晋升 • 扩大职责范围 • 职位调动 • 轮岗 • 辞职	
代理人 • 建议员工可以给予其帮助的人员 • 建议员工可获得的书籍，及其他信息资料	**职业目标** • 明确的目标 • 清晰的目标 • 可获得的目标 • 合适的目标 • 明确的目标是什么 • 什么是最好的目标？为什么？	
指导人 • 激励员工重视可实现的目标 • 给予员工在实现目标过程中所采取的适当方式及真实的反馈	**职业生涯发展计划** • 如何实现职业目标（明确实现目标的各个步骤） • 实现职业目标的每一步骤发生的时间（步骤实施的时间表） • 其他可能会涉及的人（哪些人可以帮助你？你实施的计划会对哪些人有影响？）	
导师 • 教导员工编写职业生涯发展计划 • 鼓励员工实施职业生涯发展计划的各个步骤 • 鼓励员工实施职业生涯发展计划		
开发者 • 将员工置于不同的任务及角色中进行锻炼		

资料来源：于华. 职业生涯管理的模型及历史演变[J]. 人口与经济，2006(4)：89-91.

第四节　职业匹配理论

美国波士顿大学的帕森斯（Frank Parsons）教授最早提出职业-人匹配理论，该理论是最早的职业指导理论，也称特质因素理论。这种理论认为所有的人在发展与成长方面都存在着差异，每一个人都具有不同于别人的个性特点，即特性。这种特性与某种职业因素存在着相关性。人的特性又是可以运用科学手段客观地考量的，职业因素也是可以分析的,职业生涯指导就是要解决人的特性与职业因素相适应的问题,以期达到合理匹配。这种理论通过职业指导者测量和评价被指导者的生理、心理特性,以及分析职业对人的要求来帮助被指导者,使之在清楚地了解自己和职业因素的基础上做出明智的职业选择。人格特性与职业因素匹配理论的核心是人与职业的匹配,其理论前提是:① 每个人都有一系列独特的特性,他们是可以客观而有效地进行考量的;② 为了取得成功,不同职业需要具备不同特性的人员;③ 选择一种职业是一个相当易行的过程,而且人职匹配是可能的;④ 个人特性与工作要求之间配合得愈紧密,职业成功的可能性愈大。

关于个体该如何选择职业,帕森斯(Frank Parsons)在《选择一个职业》一书中提道:① 个体应清楚地了解自己的态度、能力、兴趣、智谋、局限和其他特征;② 个体应清楚地了解职业选择成功的条件,所需知识,在不同职业工作岗位上所占有的优势、不利和补偿、机会和前途;③ 上述两个条件的平衡。该理论的内涵就是在清楚认识、了解个人的主客观条件和社会职业岗位需求的基础上,将主客观条件与社会职业岗位相对照、相匹配,最后选择一种与个人特长匹配相当的职业。根据这个理论,职业选择可以分为三个步骤:第一步是评价求职者的个性特征;第二步是分析各种职业对人的要求;第三步就是进行人与职位匹配。

职业-人匹配分为两种类型:① 条件匹配,即所需专门技术和专业知识的职业与掌握该种特殊技能和专业知识的择业者相匹配,比如脏累险劳动条件很差的职业,需要吃苦耐劳、体格健壮的劳动者与之相匹配;② 特性匹配,即个人特质与职业特征相匹配。如敏感、易动感情、不守常规、独创性、个性强、理想主义等人格特质的人,宜从事审美性、自我情感表达的艺术创作类型的职业。从总体上看,职业-人匹配理论符合职业选择的逻辑,即从人员分析到职业分析到职业匹配;提供了职业规划的基本原则,并且具有较强的可操作性。但是,该理论试图找到个体特征与职业要求间的对应关系,没有充分考虑个体特征中的可变因素,而且工作要求也会随时间变化而改变,因而这种过于静态的观点无法适应现代社会的职业变动规律。此外,它也忽视了社会因素对职业规划的影响和制约作用。

第五节 社会认知职业理论

1986年,班杜拉(Bandura)提出了社会认知理论(Social Cognitive Theory),社会认知理论强调认知在学习和行为调整中的重要作用,作为一种认知因素的自我效能从而被提出。借助社会认知理论中的自我效能概念,勒特(Lent)等(1994)提出了社会认知职业理论(Social Cognitive Career Theory,简称SCCT),SCCT是社会认知理论在职业领域中的具体应用。SCCT将心理、社会、经济等影响因素整合起来,动态地揭示了职业兴趣、职业选择和职业绩效的全过程(Lent et al.,1994)。自我效能、结果期待与个人目标是SCCT的三个核心变量。自我效能指的是人们对组织和实施所要得到的行为结果的能力的信念(我能干得了吗?);自我效能与具体的活动领域有关,其形成与改变主要取决于四种信息来源:过去的绩效成就、观察学习、社会劝说以及生理、情绪状态等。结果期待是指个人对从事特定行为的结果的信念(如果我这么做,会发生什么事?)。结果期待通过与自我效能相似的学习经验而获得,如回忆成功的事情、对他人的成功活动的观察学习、对自己的活动产品的关注和对自己活动的影响力的关注等。个人目标指的是个人从事特定活动或取得一定结果的意图(我有多么想做这件事情),可分为职业目标和绩效目标两种。自我效能是对能力的信念;而结果期待是对结果的信念,如受到奖励、对掌握了一种有挑战性的任务的骄傲等;个人目标是最有影响的信息源,是个人行使自己力量的关键机制(龙立荣,2002)。

与社会认知理论一样,SCCT 特别强调自我效能和结果期待对人们职业目标选择以及职业表现的影响。SCCT 强调个人、背景和学习对职业选择行为的影响,职业选择分成几个基本过程:① 初步的选择或目标,② 行动,如为实施特定的选择而参加特定的培训,③ 后来的完成情况,即成功或失败,实现情况构成了反馈环路,影响未来职业行为的形成(龙立荣,2002)。SCCT 包含职业兴趣模型、职业选择模型以及工作绩效模型三个相互关联的模型:

职业兴趣模型:对特定职业的自我效能与结果期待会塑造个人的职业兴趣。具体来说,如果人们认为自己擅长于从事某种职业或预期从事该职业将带来满意的回报,将会形成对该职业的兴趣并坚持下来;职业兴趣形成后,与自我效能和结果预期一起,将促进个人产生目标;目标又将促成行动并达到一定的绩效成就,绩效成就又会反作用于自我效能和结果预期,形成一个动态的反馈环路。自我效能和结果预期并不能脱离社会、经济因素起作用。例如,性别和种族变量通过一定的社会化过程,使得男孩或女孩分别形成对于男性活动(如工程技术)或女性活动(如护理)的技能、自我效能、结果预期及职业兴趣。

职业选择模型:职业兴趣形成后,影响个体对职业目标的设定,进而激发个体的职业选择行为,通过职业选择行为实现个人目标后,又形成反馈环路。职业选择行为常常但并不总是与职业兴趣有关,自我效能和结果期待会直接影响职业目标和职业选择行为。在职业选择模型中,加入了两类环境变量的影响:一是个人背景变量,诸如性别、种族、社会经济地位等,这些因素直接影响个人学习经验的形成;二是与选择行为靠近的环境因素,例如在职业决策时的工作机会,情感上、经济上的支持,环境中的歧视等。整个职业选择的环路过程中,环境因素既直接影响着职业目标及职业选择行为,又能调节兴趣对职业目标所形成的影响,调节职业目标对职业选择行为的影响,如图 2-4 所示。

工作绩效模型:人们的能力、自我效能、结果期待以及绩效目标之间的交互作用共同决定工作绩效。能力一方面直接地影响绩效表现,另一方面则通过塑造自我效能和结果预期发挥间接作用,这就解释了为什么客观上能力差不多的两个人,实际的绩效成就却大相径庭。自我效能并非越高越好,只有当它稍稍高于实际的能力水平时,才会最充分地发挥现有技能并促进未来的技能发展。工作绩效也会提供一个反馈环路,反作用于自我效能和结果预期。借助三个子模型,社会认知职业理论将个人职业心理特点、社会背景和学习经验联结起来,共同阐述职业选择、适应和发展过程。

从该模型中可以看出,SCCT 除了重视自我效能、结果期待和职业目标外,也十分重视已有的理论成果,如兴趣、能力、价值观、社会因素(如社会经济地位、性别、种族)、经济

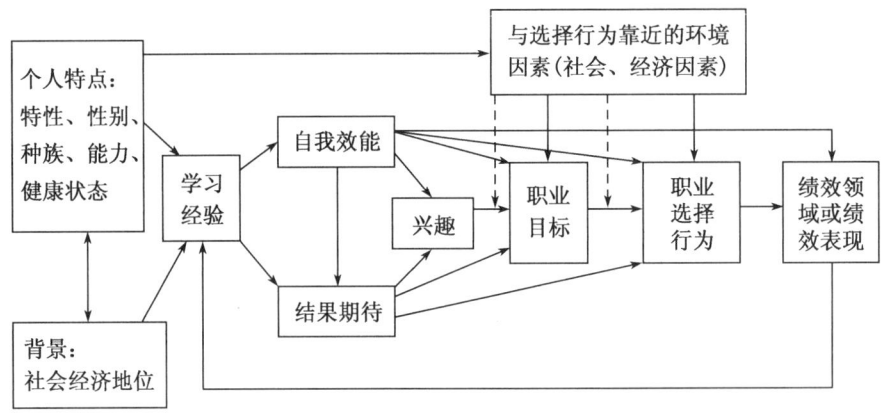

图 2-4　SCCT 的完整模型

资料来源:刘艳杰,姚莹颖.社会认知职业理论对职业发展课程的启示[J].高教发展与评估,2015,31(1):91-97.

因素(如就业机会、培训机会等)的作用,将已有的研究成果用社会认知理论统一起来(龙立荣,2002)。

一、社会认知职业理论的要素

下面逐步对上述因素的作用予以解释:

1. 兴趣

SCCT 的职业兴趣模型强调经验和认知因素对职业兴趣的影响,职业兴趣有助于激发特定的技能获得行为。对于儿童、青少年来说,有许多的环境作用于他们,如手工、音乐、体育、数学、机械任务等,通过直接或间接地看到各种活动,参与特定活动,并达到特定的操作水平,他们被选择性地强化,通过反复地活动、塑造以及重要人物的反馈,儿童或青少年能逐步地形成技能,形成对各种任务的效能感,以及从事这些活动会发生的结果期待。Lent 等(1989)认为,与活动相关的自我效能和结果期待会对兴趣的形成产生重要的、直接的影响。当人们觉得自己有能力,且会取得有价值的结果时,就会形成稳定持久的兴趣;而在自我效能比较低、预期会得到中性或否定的结果的活动,就不能形成兴趣。与自我效能和结果期待一致的兴趣会提高活动的目标追求,而目标的实现来自实践活动,实践活动达成的结果又构成了重要的反馈,有助于巩固自我效能和结果期待。SCCT 还假定,上述过程在人的一生中,经常变化,通过这个过程,人们形成职业兴趣的特色模式。尽管职业兴趣在青少年期或成年早期稳定,理论上,变化和成长在人生的任何一个点上都是可能的。特别是当人们处于环境变革或人生挑战时期,如工作调整、生育、技术革新,人们要面对新的活动、要发展新的技能时如此。当然,兴趣成长的机会也可能是个人导向的,如自愿接受新的工作安排(龙立荣,2002)。

2. 能力和价值观

SCCT承认能力和价值观是导致职业兴趣的主要影响因素,但它们效果的实现要通过自我效能和结果期待。能力不直接影响兴趣,而是先通过影响效能,再影响职业兴趣。Barak(1981)、Lent等(1986)的研究表明,知觉到的能力比客观测查得到的能力更能影响兴趣。价值观已经融入对结果的期待中,结果期待包括两个成分:一是预计参与某活动会导致的结果,二是这些结果对个人的价值或重要性。在Vroom(1964)的理论中,这两个成分,即工具性和效价估计,是合在一起来预测兴趣的,结果期待的效价成分与工作价值观的构想是相似的。

3. 个人和背景

SCCT关心诸多其他的重要个人和情境变量,如性别、种族、身体健康状况、能力缺陷、背景(社会经济状态等)。图2-4描述了个人属性、背景和学习经验变量是如何影响认知和职业发展的。SCCT认为性别和种族属性不只是个人遗传的生物属性,而是被看成个人社会建构的一部分。这些属性对职业发展的影响来自对社会或文化环境的反应,来自与职业发展相关的机会。性别虽然是生理属性,但将其视为与心理发展有关系的社会文化变量可能更合适,种族的研究亦如此。父母和教师根据儿童在文化上适合性别的行为的期待,有区别地鼓励男孩和女孩,这些做法对自我效能、结果期待的获得及能力的发展都有明确的意义。如果带有偏见地选择从事和观察特定活动的机会,女孩更可能发展女性类型的活动的自我效能,而对文化上定义成男性的活动,如科学或体育,则感受到较低的自我效能。在儿童早期,儿童已经学会了将其行为与性别适当的观念匹配。因此,后来职业选择的障碍既有外部环境的作用,如选择性地提供技能发展的机会,也受内化了的自我信念、标准和结果期待的影响;教育、文化模式等也会影响到自我效能和结果期待的形成。在图2-4中,性别和种族对职业兴趣、选择的影响是通过差异性的学习经验,这些经验塑造了自我效能和结果期待。

4. 环境因素

影响决策的因素既有内部的,也有外部的。背景因素主要通过两条途径影响职业选择:一是通过影响人将兴趣转化为目标、将目标转化为行为的能力和愿望,如图2-4中的虚线所示;二是一些环境因素对目标形成和行为选择会产生直接而重大的影响,如雇佣中的歧视,父母及长辈对职业选择的干预等,这些直接影响在图2-4中是以实线表示的,有些环境的作用是偶发的,难以预见。

5. 绩效问题

自我效能和结果期待影响绩效目标的水平,较强的自我效能和结果期待提高抱负目标,有助于人们使其行为更稳定和持久。Lent等(1994)研究表明,能力与自我效能呈中等相关,表明它们是不同的建构,共同解释绩效实现的水平。

二、社会认知职业理论的优点和局限

1. SCCT 的优点

首先,SCCT 重视社会认知变量所起的重要中介作用,突破了只注重客观能力或工作报偿的传统观念,预示了进行干预的可能性和策略,而且突出了人的追求的作用,与社会学、经济学中被动的人也形成了鲜明的对比。从某种意义上说,SCCT 是人本主义与认知理论的一种有机结合。

其次,SCCT 试图建立一个整合的、动态的框架,克服了传统理论将心理、社会、经济等影响因素分割开来,且缺乏动态的局限性。

第三,SCCT 与其他职业理论互为补充。比如,与特质因素论不同,SCCT 强调个人与环境的相对动态的、具体的特征。SCCT 虽然注重社会认知理论的主体作用,但又从相关学科吸收了大量有一定影响力的行为理论,使其超越了社会认知理论。如借鉴行为激励中的目标设定理论和期望理论,发现自我效能影响目标设置。

第四,由于 SCCT 重在解释,故在职业兴趣、职业能力、职业价值观等对职业选择的作用方面,更注重原因或形成过程,以及相互之间的内在联系,使人对职业发展的本质认识得更加清楚。

最后,SCCT 在人力资源开发与管理、职业咨询及职业教育具有强大的应用前景和意义,例如通过增强自我效能,帮助女性更多地参与到传统上男性占统治地位的职业(如工程技术、管理)领域中,或帮助人们进行职业调整或失业后的再就业等。

2. SCCT 的局限

第一,由于 SCCT 注重解释力,而非更有效地构建未来,因而缺乏操作性。如在诸多因素影响的情况下,哪一个发挥主要驱动作用?人到底是如何进行职业选择的?如何具体地帮人或替人做决策?一个系统的影响因素太多的时候,各因素的预测力不得而知。

第二,SCCT 仍有待完善,除了心理、社会、经济因素,还需要将多种因素更加有机地整合。SCCT 的理论的发展仍需借鉴其他学科,如组织行为学、人力资源管理理论中的相关成果。

第三,SCCT 具有较强的后现代主义倾向,它强调个人的经验、背景、意愿和喜好发挥的作用。由后现代主义的无中心意识和多元价值取向带来的一个直接后果就是评判标准模糊。

第四,侧重质性分析,可能会带来个人经验的误区、不确切的观察、过度概化(通过极少事例来概括一种模式,比如某个榜样)、选择性的观察(注意符合某种形态的事物或是现象,而忽视不符合的现象)以及各种各样的主观性等问题(刘艳杰,2015)。

最后,SCCT 过于强调变化性,虽与当今的社会时代潮流一致,但对稳定性与变化性哪个居主导的揭示还有待深入。知识经济时代,越是变革,人们越看重自己的竞争力,其结果是专业领域稳定性增强,而非专业领域变化性增强。

三、SCCT 的主要研究趋势和发现

近年来,SCCT 的核心变量及假设已引发大量的研究,并得出有价值的结论。

首先,许多研究发现,社会认知变量有助于解释职业选择与发展过程中的职业行为,尤以自我效能变量最受关注(Swanson,2000)。

其次,对有关青少年和成人研究的元分析直接检验了 SCCT 的许多假设。对职业兴趣模式的元分析表明,自我效能和职业兴趣之间总体上存在较强的关系($r=0.59$)(Rottinghaus,2003),自我效能在能力和兴趣之间起着中介作用(Lent et al.,1994)。对职业选择模式的元分析表明,职业兴趣可以很好地预测职业选择($r=0.60$)(Lent et al.,1994),自我效能和结果预期与职业兴趣直接地且间接地相关(Lent et al.,1994,2005)。环境支持与障碍虽然不直接决定职业选择的结果,但通过增强或削弱自我效能,影响着职业兴趣和选择(Lent et al.,2003)。通过干预自我效能信念,能力与绩效成就直接地且间接地相关,对自我效能的信息来源的元分析表明,在四种来源中,过去的绩效成就(成功或失败)与自我效能关系最强;另外,自我效能也能较好地预测结果期待(Lent et al.,1994)。

最后,SCCT 试图解释不同学生和工作者群体的职业发展,重视文化、种族以及残疾状况等因素的作用(高山川,2005)。SCCT 还被应用于大量跨文化的研究中(Van,1999;Lent et al.,2003)。

第六节　职业锚理论

职业锚(Career Anchor)是指当一个人不得不做出职业选择的时候,无论如何不会放弃的职业中至关重要的东西或价值观,即人们在选择并发展自己的职业时所围绕的中心(Schein,1985,2004)。美国职业管理学家施恩(Schein)的职业锚的核心内容是自省的才干和能力,知道自己能干什么;自省的动机和需要,知道自己想干什么;自省的态度和价值观,知道自己为什么干。这个理论强调个人能力、动机和价值观三个方面的相互作用和整合。职业锚是个体和早期各种工作情景相互作用的产物,是个体的一种整体自我观和自我职业价值观。具体来说,职业锚是自我意向的一个习得部分,个人进入早期工作情境后,由习得的实际工作经验所决定,与在经验中自省的动机、需要、价值观、才干相符合,达到自我满足和补偿的一种稳定的职业定位。施恩最初把职业锚分为五种类型:技术/功能型、管理型、创造型、自主/独立型、安全型(Schein,1985)。之后,施恩对职业锚进行了重新界定,增至为八种类型:管理能力型、技术职能型、自主独立型、安全稳定型、生活型、服务型、挑战型和创造型。这八种职业锚之间的划分不是绝对的,相互之间也可能存在交叉,如自主独立型职业锚的人可能同时具有技术职能型职业锚,或者同时具有创造型职业锚。

施恩在职业锚的基础上,提出了职业锚理论。职业锚理论是一种以个人为出发点的职业选择理论。但职业锚理论并不只是职业选择理论,它也是一种职业生涯发展阶段理

论。施恩认为,职业选择和规划是一个持续不断的探索过程。在这一过程中,每个人都在根据自己的天资、能力、动机、需要、态度和价值观等特性,慢慢地形成较为明晰的与职业有关的自我概念。随着一个人慢慢地成长,对自己越来越了解,就会越来越明显地形成一个占主导地位的职业锚,它反映出了个人的职业价值观和潜在才能。但在现实生活中对职业锚提前进行预测是很困难的。这是因为个体自身所掌握的人力资源、社会资本会发生变化,职业锚也会不断变化,这是一个不断探索与动态变化的过程。

职业锚理论突出了最初的职业选择过程与后来职业认同的形成之间的重要区别,稳定的职业认同是通过个体的兴趣和他的能力以及价值观的整合形成的,它强调了在某一种职业内部职业道路(Career Paths)的多样性,这种更精细的职业道路的区分具有重要的理论意义和实践意义。施恩的职业锚假设认为个体只有一个职业锚起主导作用,不存在多个同时起作用的主导性职业锚,其他类型的职业锚没有起突出的作用,表明该个体的生活阅历过少,使其没有机会形成确定的锚型(Schein,1987)。个体的职业锚确立起来,就具有较好的稳定性,职业与工作结果是否达到期望值取决于个体能否找到与职业锚相匹配的工作(Schein,1987)。研究表明,很多人由于认识不够,或者受到外界环境的诱惑,常常无法使职业与自己的职业锚完全匹配。当二者不匹配时,个体的才华没能在工作中展现出来,即使是在偶然条件下取得一些成绩,也不会肯定自我或感到愉悦。但他们可以适应工作上的这种情况,并尽力做好工作,可他们一旦有机会,就会寻找更适合自己的职业(Feldman,Boliono,1996)。

此外,并不是所有的人都只有一个职业锚,多个职业锚同时存在于一个人身上的现象是科学的,这推翻了施恩关于每个人只能有唯一职业锚的假设。当存在多个职业锚类型时,个体可能会在同样具有吸引力的几个职业之间犹豫不决,从而产生矛盾心理,影响职业满意度和职业稳定性。职业锚不是一成不变的,可能与个体的年龄、工作经验、社会阅历等因素有关。随着一个人年龄的不断增长,工作经验的不断积累,他的职业锚就逐渐趋于稳定,这也与施恩职业锚稳定性的论述相违背(Feldman,Bolino,1996)。

职业锚理论是实现个人价值与组织目标有机统一的一种有效管理方式。对个人而言,职业锚是个人职业选择的依据,并为个人的全部职业生涯设定了发展方向,是影响个人才能发挥的决定性力量;对组织而言,建立在职业锚理论基础上、切实针对组织成员深层次职业需要的人力资源管理,能够实现组织内部人力资源的最佳配置,最大限度地激发人的才能,从而实现组织效能的最大化,保证组织的良性运转。纵观职业锚理论的发展史,不难看出,职业锚理论不论对于组织,还是对于个体本身,在职业生涯管理方面都有着借鉴作用和指导意义。

 **本章小结**

1. 职业选择理论

人格发展理论　择业动机理论　心理动力理论　职业性向理论　社会学习理论

2. 职业生涯发展阶段理论

三阶段理论　四阶段理论　五阶段理论　九阶段理论

3. 职业生涯管理模型的主要组成

自我职业生涯管理模型　组织职业生涯管理模型　合作伙伴管理模型　职业生涯管理的新模型

4. 职业匹配理论的主要内容

5. 社会认知职业理论的主要内容及优缺点

6. 职业锚理论的主要内容

复习与思考

职业生涯管理理论在不断地发展完善，新的理论出现是否意味要抛弃旧理论？这些理论是什么关系？理论和实践是否能够有效地结合，进而真正地指导员工和组织进行职业生涯管理呢？

职业选择理论从个体角度出发，关注心理因素对个人职业生涯管理的影响。但个体的职业生涯管理是一个动态变化的过程，职业生涯有不同的发展阶段，但阶段的划分有不同的标准，而且因人而异。职业匹配理论的核心是人与职位的匹配，这个观点至今仍有一定指导意义。职业锚理论适应了当下人力资源管理的发展，对组织和个人都有着重要的指导意义，但也有其局限性。社会认知职业理论是近年来较新颖的理论，它充分考虑了社会、经济、心理因素，动态地揭示了职业兴趣、职业选择和职业绩效的全过程，但存在缺乏一定的操作性等局限。目前的职业生涯管理理论大多停留在解释层面，指导层面较少，个人应结合自身的实际情况，运用适合自身的理论来管理自我的职业生涯。

应用案例分析

1983年出生的张一鸣，在2005年从南开大学毕业后，至今参与创办了5家公司，是今日头条、抖音、内涵段子等知名App之父，2013年，他先后入选福布斯"中国30位30岁以下的创业者"和财富"中国40位40岁以下的商业精英"，是目前国内互联网行业最受关注的青年领袖之一。

1. 为何毕业多年后，原本水平差不多的同学都拉开了差距？

我想跟大家分享一下我自己毕业后的工作经历和体会。另外，我作为面试官，过去10年里，可能面试过小2000个年轻人。有的和我在一家公司，有的去了别家公司，他们发展差别其实非常大。从算法层面上讲，我们把这叫作"正例"和"负例"。我想分享一下：为什么"正例"和"负例"发展差别这么大？

什么是"Stay hungry, Stay young"？"Stay hungry"，大家都知道，就是好奇心、求知若渴、上进心。但为什么要说"Stay young"？我觉得年轻人有很多优点：做事不设条条框框、没有太多自我要维护，经常会打破常规，非常努力，不妥协，不圆滑世故。10年过去了,有的年轻人依然保持着这些很好的特质。我觉得这就算"Stay young"。

"Stay young"的人基本没有天花板,一直保持着自我的成长。相反,很多人毕业后提高了技能,但碰到一个天花板后,就不再成长了。

2. 我是如何在毕业第二年就成了管理四五十人团队的主管?

2005年,我从南开大学毕业,加入了一家公司叫酷讯。我是最早期加入的员工之一,一开始只是一个普通工程师,但在工作第二年,我在公司管了四五十个人的团队,负责所有后端技术,同时也负责很多产品相关的工作。

有人问我:为什么你在第一份工作就成长很快?是不是你在那个公司表现特别突出?其实不是。当时公司招聘标准也很高。跟我同期入职的,我记得就有两个清华计算机系的博士。那我是不是技术最好?是不是最有经验?我发现都不是。后来我想了想,当时自己有哪些特质。

(1) 我工作时,不分哪些是我该做的、哪些不是我该做的。

(2) 我做事从不设边界。

当时我负责技术,但遇到产品上有问题,也会积极地参与讨论、想产品的方案。很多人说这个不是我该做的事情。但我想说,你的责任心,你希望把事情做好的动力,会驱动你做更多事情,让你得到很大的锻炼。

我当时是工程师,参与产品工作的经历,对我后来转型做产品有很大帮助。我参与商业的部分,对我现在的工作也有很大帮助。

记得在2007年底,我跟公司的销售总监一起去见客户。这段经历让我知道:怎样的销售才是好的销售。当我组建头条招人时,这些可供参考的案例,让我在这个领域不会一无所知,以上就是我刚毕业时的特点。

3. 10年观察,我遇到的优秀年轻人都有这五大特质!

后来,我陆续加入各种创业团队。在这个过程中,我跟很多毕业生共处过,现在还和他们很多人保持联系。跟大家分享一下,我看到的一些好和不好的情况。总结一下,这些优秀年轻人有哪些特质呢?

(1) 有好奇心,能够主动学习新事物、新知识和新技能。

(2) 对不确定性保持乐观。

(3) 不甘于平庸。

(4) 不傲娇,要能延迟满足感。

(5) 对重要的事情有判断力。

资料来源:搜狐2020年2月25日《抖音创始人张一鸣:职业生涯该怎么做》

思考题:

1. 毕业生初次就业,选择职业是听从前辈的经验还是从遵从内心的决定?如何应用社会认知职业理论去解释这种现象?

2. 进入职场后,个体如何确定自己的职业锚?

第三章 职业生涯管理的实用工具

 开篇故事

人力社交网站 LinkedIn 计划推出"技能评估"(Skill Assessments)功能,提供 75 项技能的评估测验。用户一旦通过测验,就能在个人档案上嵌入技能徽章,例如 C++、Adobe Photoshop 或 Microsoft Excel 等。这不仅可让用户了解自己的能力,也便于雇主寻找人才。LinkedIn 指出,其调查显示有 69% 的专业人士认为在找工作时技能比学历重要,逾 76% 希望雇主对技能进行验证以让自己能够脱颖而出。据早期的测试者透露,完成技能评估的专业人士被录取的概率比未取得技能认证的高出 30%,有力促进了人与组织的匹配(P-O fit)。

LinkedIn 开发的这套技能评估体系是免费开放的,使用者可自行选择所要验证的技能。测试成绩若达到 70 百分位数(70th percentile)或以上,就能获颁技能徽章。使用者可自行决定是否要将徽章嵌入个人档案。倘若成绩不佳,就只对使用者自己公布,便于自我评估及提升。基于大数据、人工智能等技术打造的这套评估体系,LinkedIn 则可为有相关技能需求的雇主做出更精准的推荐,极大降低人力资源的配置成本、提高人力资源管理效能。你在职场中使用过哪些技能或能力素质相关的测评工具?

第一节 职业能力倾向及测量

一、职业能力

心理学家认为,能力(Ability)指的是一种素质,是顺利完成某种活动的条件。人的能力是各种各样的,通常可以分为智力(一般能力)、特殊能力和创造能力三个方面。能力和职业活动密不可分,每一类职业都要求具备特定的能力组合,只有具备特定能力组合,才能很好地胜任相应工作,例如,一位画家要具有色彩分辨和形象记忆能力,这些能力是保证顺利完成绘画活动的直接条件;而一名管理者则需要具备语言表达能力和逻辑推理能力。由此,外化出职业能力的概念,即从职业活动的角度对能力的定义。由于不同能力内容有差异,对它们的测量也采用不用的方法和工具。

1. 智力及其测量

总的来说，智力（Intelligence）表现为一个人对于建设性思维、推理及解决问题的能力。智力作为人的基本能力，被视为一般能力，是个体在完成不同种类的活动中都表现出来的能力，包括感知力、记忆力、思维力和想象力四个基本方面。其中，感知力包括观察力和注意力，是智力活动的前提；思维力是智力活动的核心内容，包括判断力、思考力和逻辑思维、逻辑推理能力。

关于智力的构成有不同的观点。以美国心理学家瑟斯顿为代表的早期的心理学家认为基本心智能力构成七个维度：语言理解、语言流畅、数字运算、空间关系、联想记忆、知觉速度及一般推理。20世纪70年代，英国心理学家弗农提出了智力的层次结构理论，认为智力的结构是按层次排列的。其中第一层次是普遍因素，即人的基本心理能力，是决定一个人智力高低的主要成分；第二层次分为两个大群，即人的语言和教育方面的因素、操作和机械方面的因素，它们被称为大群因素；第三层次为小群因素，包括语言理解、数量、机械信息、空间信息等内容；第四层次为特殊因素，即完成具体工作时需要的特殊技能。

近十多年来，有学者提出多维取向的智力理论。其中比较著名的是加德纳的智力多元论和斯腾伯格的智力三元论。智力多元论（Multiple Intelligences Theory）认为，智力应包括认知智力、社会智力、情绪智力和文化智力。智力三元论主张，人类的智力是三边关系组合的智力统合体，这三种智力成分是组合性智力（Componential Intelligence）、经验性智力（Experiential Intelligence）和实践性智力（Contextual Intelligence）。多维智力理论能够帮助我们解释，为什么一个所谓的"聪明人"（即有高认知智力的人），却未必能很好地适应日常生活，与他人相处或在领导位置上取得成功。

目前，基于多维智力理论的相应智力测评工具尚未出现，智力的测评常使用传统的智力测量工具。韦克斯勒（Wechsler，1896—1981）在智力层次结构论的基础上，编制了闻名全球的韦克斯勒智力量表。该量表包括语言和操作两个分量表，可以分别度量个体的语言能力和操作能力。在韦氏成人智力测验中，语言表包括六个项目，操作量表包括五个项目。应用型韦氏量表，不仅可以测量出智商的总体水平（综合智商），还可以测量出智商的不同侧面——语言智商和操作智商。

2. 特殊能力及其测量

特殊能力（Special Ability）指的是在某种专业活动中表现出来的能力，它是顺利完成专业活动的心理条件。随着社会分工越来越精细，形成了不同实践领域所需要的专门能力。然而，智力测验只提供了人们对一般能力的了解，远远不能满足不同领域对于人员选拔和使用的迫切需要。特殊能力测验正是在这种背景下应运而生的，它对职业选择、人员配置都有重要意义，但这种测验发展较晚，不少测验尚未成形，测验的标准化问题还没有得到满意的解决。

特殊能力的测量具有较强的针对性，每种测验只针对一个特定的职业或特定的能力倾向，比如飞行员能力测验。

二、职业能力倾向测验

能力倾向(Aptitude)或称能力性向是指个体所具有的潜在能力,又称可发展能力或能力发展的可能性,根据个体能力倾向测验得分的高低,可以预测其未来发展的可能性。职业能力倾向是指经过适当训练或置于适当的环境下而完成某项任务的可能性,而不是指当时就已经具有的现实条件。换言之,能力倾向指的是个体能学会做什么,即个体获得新知识和新技能的潜力,而不是已经获得的知识技能。但是,离开了知识技能就无从谈起能力倾向。一般认为,在知识、智力和能力倾向的关系中,智力处于认知能力的核心部位,影响一个人从事各种活动的效率,是人最基本的认知能力;而能力倾向处于智力的外围,介于智力与知识技能的中间,只影响到一个人某一方面的活动效率,知识技能主要靠后天获得。三者之间虽有区别,也相互影响,有时难以区分。

职业能力倾向测验是在 20 世纪 30 年代到 40 年代之间发展起来的,是一种测量人们从事某种职业或活动潜在能力的评估工具,它具有诊断功能和预测功能,可判断一个人的能力优势与成功发展的可能性。

职业能力倾向测验必须具备两个方面特征:一要具有预见性或潜在的可能性,即现在的身心状态及诸特性能作为预见将来的指标,否则测验就无价值;二要具有稳定性,作为能力倾向的身心状态及诸特性必须在较长时期内相对稳定,否则就无法作为预测未来的依据。

职业领域的能力倾向测验可以分为特殊能力测验和一般能力倾向测验,特殊能力测验一般用于人事选拔,而一般能力倾向测验主要用于职业指导和咨询,适用于具有特定能力组合的人员和特定工作之间的合理配置。

1. 特殊性倾向测验

特殊能力测验是系列式测验,包括四大类多个小测验,是国外企业常用的职业能力倾向性测验。这四大类分别是:机械倾向性测验,主要测量人们对机械原理的理解和判断空间形象的速度、准确性以及手眼协调的运动能力。该测验广泛应用于机械工、设计师、工程师和技工等职业测试,典型测验的有"明尼苏达空间关系测验""贝内特机械理解测验"等;文书能力测验,是专门了解个人打字、速记、处理文书和联系工作能力的测验,适用于科室和文员的能力测量,常用的是"明尼苏达文书测验""一般文书测验"两个测验;心理运动能力测验,主要测验工业中许多工作所需的肌肉协调、手指灵活或眼与手精确协调等技能;视觉测验,利用远双目镜或美国鲍希罗眼镜公司设计的视力分类机等,对视力的多种特征进行测验,以评定其是否符合一定工作的要求。

2. 多重能力倾向测验

多重能力倾向测验主要用来测量与某些活动有关的一系列心理潜能,能同时测定多种能力倾向。其中普通能力成套测验(GATB)是较有代表性且较常用的。GATB 由 8 个纸笔测验和 4 个仪器测验组成,可以测量 9 个因素:言语能力倾向(V)、数字能力倾向

(N)、空间能力倾向(S)、一般学习能力(G)、形状知觉(P)、文书知觉(Q)、运动协调(K)、手指灵巧性(F)、手的敏捷性(M)。这9个因素中不同的因素组合代表着不同的职业能力倾向,如数字能力、空间能力和手的敏捷性好的人适合从事设计、制图作业及电器维修职业,因此GATB也常用来测定应聘者的职业倾向。

3. 多项能力与职业意向测验

该测验选取了和社会大多数职业活动有密切关系的六个维度进行测评,即语言理解和组织能力、概念类比能力、数学能力、抽象推理能力、空间推理能力、机械推理能力。这6个维度组成了6个测验,测验结果表现为一组不同能力倾向的分数,它提供了一种智能剖面图,显示个体在以上六项能力上的强弱分布。根据剖面图的强弱分布,可以给出适宜的职业排序,指出最适宜的职业应具备的教育水平和关键能力,从而为职业咨询提供依据。本测验可用于测查大、中学生和社会一般人员的能力素质水平,不适合管理人员的招聘和选拔。

第二节 气质、人格及测量

每个人都有其独特的思维模式、行事之道、个人风格和特质。我们经常会观察到,有的人在工作中一直表现很好,业绩很好,同事关系很好,也很受领导器重。而有的人却表现平庸,甚至工作干得一团糟。这就促使我们不得不思考,人与人之间为什么会有这么大的差别?研究发现,很多因素都会造成以上这种差别。而气质、人格等个体特征是其中值得关注的重要因素。

一、气质及其测量

1. 气质的类型

气质是个体中那些与神经过程的特性相联系的行为特征,是个体心理活动和外显动作中所表现的关于强度、灵活性、稳定性与敏捷性等方面的心理特征的综合。它表现在情绪和情感发生的速度、外向表现的强度以及动作的速度与稳定性方面。

人的气质可以分为多种类型。最早对人的气质类型进行分类的是古希腊的医生希波克拉特,他的思想经罗马医生盖伦验证修订后成为气质类型学说。他们认为人体内有四种体液:血液、黏液、黄胆汁、黑胆汁。四种体液在人体中的比例决定了人的气质类型,并由此划分出多血质、黏液质、胆汁质和抑郁质四种气质类型,其特征变现分别为:

多血质。外向、活泼好动、善于交际,思维敏捷,容易接受新鲜事物。情绪情感容易产生也容易变化和消失,容易外露,体验不深刻等。这种人适宜从事要求反应迅速而灵活的工作。

黏液质。黏液质相当于神经活动强而均衡的安静型。这种气质的人平静,善于克制、忍让，生活有规律，不为无关事情分心，埋头苦干，有耐久力，态度持重，不卑不亢，不爱空谈，严肃认真；但不够灵活，注意力不易转移，因循守旧，对事业缺乏热情。

胆汁质，其特点是情感发生迅速、强烈、持久，动作的发生也是迅速、强烈、有力。属于这一类型的人都热情，直爽，精力旺盛，脾气急躁，心境变化剧烈，易动感情，具有外倾性。

抑郁质，神经类型属于弱型，体验情绪的方式较少，稳定的情感产生也很慢，但对情感的体验深刻、有力、持久，而且具有高度的情绪易感性。抑郁质的人为人小心谨慎，思考透彻，在困难面前容易优柔寡断。

气质无所谓好坏，每种气质既有为人们乐于接受的一面，也有人们拒绝抵触的一面。气质类型虽然不能决定一个人的社会价值和成就的高低，却能够影响一个人的工作效率和工作适应性程度。每种气质都有其适应的职业，并能为职业的成功提供有利的天然条件，因此在职业的选择中，气质应作为重要的参考因素。

2. 气质的测量

气质测评，目前主要采用问卷测验法。我国学者刘仲仁等根据各种气质类型特点，参照国内外各种测评方法，设计了一套气质测评量表，这是目前国内运用比较广泛的气质测评量表。该量表由四个分量表组成（见表3-1）。

指导语：下面60道题可以帮助你了解自己的气质类型。在回答这些问题时，要实事求是，怎样做就怎样评分。读完一道题后，如果认为与你平时所想所做"完全符合"，则该题计3分；如果处于模棱两可之间，"既符合又不太符合"，则应为该题计2分；如果大部分"不符合"，则计1分；如果差之千里，则计0分。

表3-1　气质测评量表

序号		记分
多血质因素测量表		
1	假如工作枯燥无味，马上就会情绪低落	
2	反应敏捷，大脑机智	
3	在人群中不觉得过分拘束	
4	在大多数情况下情绪是乐观的	
5	希望做变化大、花样多的工作	
6	能够很快忘记那些不愉快的事情	
7	疲倦时只需要暂时休息，就能精神抖擞地投入工作	
8	能够同时注意几件事物	
9	讨厌做那些需要耐心、细致的工作	
10	符合兴趣的事情，干起来劲头十足，否则就不相干	
11	接受一件任务后，就希望把它迅速解决	
12	工作和学习时间长了，常常感到很厌倦	

(续表)

序号		记分
多血质因素测量表		
13	理解问题比别人快	
14	善于和人交往	
15	到一个新的环境很快就能适应	

统计的最后得分超过 30 分是典型的多血质类型的人

胆汁质因素测量表

序号		记分
1	做事有些莽撞,常常不考虑后果	
2	兴奋的事情常常使自己失眠	
3	做事总有旺盛的精力	
4	羡慕那些总是能克制自己感情的人	
5	宁愿侃侃而谈,不愿窃窃私语	
6	别人说我是"出语伤人",可我并不觉得这样	
7	喜欢运动量大的剧烈运动,或参加各种文体活动	
8	情绪高昂时,觉得干什么都有趣;情绪低落时,又觉得干什么都没意思	
9	认准一个目标就希望尽快实现,不达目的,誓不罢休	
10	遇到可气的事情就怒不可遏,想把心里的话一吐为快	
11	喜欢参加气氛热烈的活动	
12	爱看情节跌宕起伏、激动人心的小说或文学作品	
13	和周围人们的关系总是相处不好	
14	对学习、工作、事业怀有很高的热情	
15	和别人争吵时,总是先发制人,喜欢挑衅	

总分超过 30 为典型的胆汁质;如果 15~30 分,则为一般型胆汁质

黏液质因素测量表

序号		记分
1	喜欢安静的环境	
2	做事力求稳妥、不做无把握的事	
3	理解问题时,常比别人慢	
4	遇到令人气愤的事,能很好地自我控制	
5	当注意力集中于一事物时,别的事情就难以使自己分心	
6	能够长时间做枯燥单调的工作	
7	与人交往不卑不亢	
8	喜欢有条理而不甚麻烦的工作	
9	喜欢有规律,很少违反制度	

(续表)

黏液质因素测量表

序号		记分
10	别人讲授新知识、新技术时,总希望他讲慢些,并且多重复几遍	
11	不能很快地把注意力从一件事情转移到另一件事情上去	
12	在学习和生活中,常常因为反应慢而落后于人	
13	认为墨守成规比冒风险强些	
14	对工作抱着认真、严谨、始终如一的态度	
15	不喜欢长时间谈论一个问题,愿意实际动手干	

总分超过30分是典型的黏液质

抑郁质因素测量表

序号		记分
1	别人说我总是闷闷不乐	
2	别人讲新概念,我常常听不懂,但是听懂后就很难忘记	
3	碰到陌生人觉得很拘束	
4	遇到问题时常举棋不定,优柔寡断	
5	小时候会背的诗歌,我似乎比别人记得清楚	
6	爱看感情细腻、描写人物内心活动的文学作品	
7	宁可一个人干事,不愿很多人在一起	
8	心里有事,宁愿自己想,也不愿说出来	
9	同样和别人学习、工作一段时间后,常比别人更疲劳	
10	喜欢复习学习过的知识,重复做已经做过的工作	
11	做作业或完成一件工作时总比别人花更多的时间	
12	当我烦闷时,别人很难使我高兴起来	
13	一点小事就能引起情绪波动	
14	碰到危险情况时,常常有一种极度恐惧感	
15	厌恶那些强烈的刺激,如尖叫、噪音、危险镜头	

总分超过30分,为典型的抑郁质

资料来源:周文霞.职业生涯管理[M].上海:复旦大学出版社,2019.

值得注意的是,当完成全部测评后,如果某种气质类型得分明显高于其他三类,均高于4分以上,则可确定为该种气质类型;若两种气质类型的总分十分接近,分差小于3分,而且明显高于其他两种类型,高出4分以上,则可确定为两种气质的混合型;如果有三种气质的总分相差无几,但又明显高于第四种,则属于三种气质混合型。

二、人格及其测量

在描述人与人之间的差异时,人格是一个最常用的概念。"人格"(Personality)一词源于拉丁语"Person",最初的意思是面具、脸谱。人格心理学和组织行为学者认为,人格是一个人在遗传的基础上,通过与后天环境的相互作用所形成的相对稳定的、独特的心理行为模式。人格特质在一定程度上决定了个体适合什么样的工作以及可能取得的成就。

人格测验,也称个性测验,主要用于测量个人在一定条件下经常表现出来的、相对稳定的性格特征,如兴趣、态度、价值观等。常用的人格测验有卡特尔16因素测验、艾森克人格测试和迈尔斯-布里格斯人格类型指标。

1. 卡特尔16因素人格测验

卡特尔(Raymond B. Cattell,1905—1998)提出的人格特质理论在工作领域具有广泛的影响。所谓特质(Trait),是指个体所表现出来的持续且稳定的特点,包括害羞、进取、顺从、懒惰、忠诚等,这些特点可以用来描述一个人的行为。卡特尔通过因素分析的方法得出了16种人格特质,这些特质代表着行为差异的基本属性,每个特质又分为低分者特征与高分者特征两个极端(见表3-2),卡特尔的理论因此称16种人格因素(16 Personality Factor,16PF),并在此基础上设计出自陈式问卷。问卷共有A、B、C三种模式,A、B模式由187个问题组成,C模式比较简洁,只有107个问题。该量表信效度较高,在企业、医院等组织中得到广泛应用。

表3-2 卡特尔16种人格特质

	人格特征	低分者特征	高分者特征
A	乐群性	缄默孤独	乐群外向
B	聪慧性	迟钝、知识面窄	聪慧、富有才识
C	情绪稳定性	情绪激动	情绪稳定
E	恃强性	谦虚、顺从	支配、攻击
F	兴奋性	严肃、谨慎	轻松、兴奋
G	有恒性	权宜敷衍	有恒负责
H	敢为性	畏怯退缩	冒险敢为
I	敏感性	理智、注重实际	敏感、感情用事
L	怀疑性	信赖随和	怀疑刚愎
M	幻想性	现实、合乎常规	幻想、狂放不羁
N	世故性	坦白直率、天真	精明能干、世故
O	忧虑性	安详沉着、有自信心	忧虑抑郁、烦恼多端
Q_1	激进性	保守、服从传统	自由、批评激进
Q_2	独立性	依赖、随群附众	自立、当机立断
Q_3	自律性	矛盾冲突、不拘小节	知己知彼、自律严谨
Q_4	紧张性	心平气和	紧张困扰

资料来源:孙健敏.组织行为学[M].北京:中国人民大学出版社,2018.

2. 艾森克人格测试(EPQ)

艾森克人格理论(Eysenck Personality Theory)是英国心理学家 H. J. Eysenck 提出的以人格结构层级说和三维度人格类型说为主要内容的人格理论。他认为,人格是由行为和行为群有机组织而成的层级结构。最低层是无数个具体反应,是可直接观察的具体行为。较高层是习惯性反应,它是具体反应经重复被固定下来的行为倾向。再高一层是特质,是一组习惯性反应的有机组合,如焦虑、固执等。最高一层是类型,是由一组相关特质的有机组合而成,具有高度概括的特征,对人的行为具有广泛的影响。他通过对人格问卷资料的因素分析研究,确定了人格类型的三个基本维度。根据外倾性维度可以把人格分为外倾型和内倾型;根据情绪稳定性可以把人格分为情绪型和稳定型;根据心理变态倾向可以把人格分为精神失调型和精神整合型。

艾森克人格问卷(Eysenck Personality Questionnaire,简称 EPQ)通过因素分析归纳出三个互相成正交的维度,从而提出决定人格的三个基本因素:内外向性(E)、情绪稳定性(N)和神经质(P),人们在这三方面的不同倾向和不同表现程度,便构成了不同的人格特征。EPQ 量表属于标准化心理测验,由内外向性(E)、情绪稳定性(N)和神经质(P)和效度量表(L)四个量表组成,共 88 个题项,操作简便,易于评分,具有较高的信度和效度,成为目前医学、教育、心理咨询等领域应用最为广泛的问卷之一。

E 量表测量个体内外倾向性。分数高表示人格外向,可能是好交际、渴望刺激和冒险、情感易于冲动。分数低表示人格内向,可能是好静、富于内省,除了亲密的朋友之外,对一般人缄默冷淡,不喜欢刺激,喜欢有秩序的生活方式,情绪比较稳定。

N 量表反映个体情绪性。反映的是正常行为,与病症无关。分数高可能是焦虑、担心、常常郁郁不乐、忧心忡忡,有强烈的情绪反应,以至于出现不够理智的行为。

P 量表测个体神经质倾向性。并非暗指精神病,它在所有人身上都存在,只是程度不同。但如果某人表现出明显程度,则容易发展成行为异常。分数高可能是孤独、不关心他人,难以适应外部环境,不近人情,感觉迟钝,与别人不友好,喜欢寻衅搅扰,喜欢干奇特的事情,并且不顾危险。

L 量表测定被试者的掩饰、假托或自身隐蔽,或者测定其社会性朴实幼稚的水平。L 与其他量表的功能有联系,但它本身代表一种稳定的人格功能。

3. 迈尔斯-布里格斯类型指标

迈尔斯-布里格斯类型指标(Myers Briggs Type Indicator,MBTI)表中人的性格,是美国心理学家伊莎贝尔·布里格斯·迈尔斯和她的母亲凯瑟琳·库克·布里格斯制定的。经过了长达 50 多年的研究和发展,MBTI 已经成了当今全球最著名和权威的性格测试。

荣格认为,世界上有 3 种人格维度和 8 种人格类型。布里格斯母女在此基础上又发展了一种人格维度(判断-知觉),从而形成了 4 种人格维度,8 种行为风格,16 种人格类型。这 4 种人格维度都可以看作是两种极端之间的连续体,每个人在每个维度上都是出于连续体上的某一点,大多数人只是在两种对立的行为风格中相对来讲更偏向其中一种。

MBTI倾向显示了人与人之间的差异,而这些差异产生于以下四个方面:

——他们把注意力集中在何处,从哪里获得动力(外向、内向)。

——他们获取信息的方式(实感、直觉)。

——他们做决定的方法(思维、情感)。

——他们对外在世界如何取向,通过认知的过程或判断的过程(判断、知觉)。

用字母代表如下:

精力支配:外向 E(Extroversion)—内向 I(Introversion)

认识世界:感觉 S(Sensing)—直觉 N(Intuition)

判断事物:思维 T(Thinking)—情感 F(Feeling)

生活态度:判断 J(Judging)—知觉 P(Perceiving)

表 3-3 MBTI 维度的解释与说明

人格类型	特征
外向性(E)	性格开朗、善于社交、充满自信
内向型(I)	安静、害羞
感觉性(S)	注重实际、偏爱程序化和秩序化,并注重细节
直觉性(N)	依赖无意识的处理过程,关注宏观的"大场面"
思维性(T)	运用理智和逻辑处理问题
情感性(F)	依赖个人的价值观和情绪
判断性(J)	喜欢控制,偏爱充满秩序、结构化的世界
知觉性(P)	灵活变通,顺其自然

资料来源:北森测评网:http://www.beisen.com.

MBTI量表基于以上4个维度来解析人格,取每个维度上偏好类型的代表字母,即可由4个字母构成特定的性格类型,如ISFJ即内向感觉情感判断型,ENFP即外向直觉情感知觉型。4个维度,8个端点可以组合成 16 种人格类型,如表 3-4 所示。每个人都可以归为这 16 种类型之一。

表 3-4 MBTI 的人格类型表

	感觉型(S)		直觉型(N)	
	思维型(T)	情感型(F)	情感型(F)	思维型(T)
内向型(I)				
判断型(J)	ISTJ 严肃沉静、专注执着,务实勤奋,逻辑严密,现实可信,能承担责任。 适合领域:工商业领域、政府机构、金融银行业、政府机构、技术领域、医务	ISFJ 沉静、友好、可靠、尽责。全力以赴承担责任,持之以恒、勤劳、细致、忠诚周到。 适合领域:无明显领域特征、医护领域、消费类商业、服务业	INFJ 独立、有独创性,具有强烈的感情、忠诚、坚定、富有理想。 适合领域:咨询、教育、科研等领域文化、艺术、设计等	INTJ 完美主义者,有创造力和自我主张;怀疑、固执、思维严谨、有逻辑性、足智多谋。 适合领域:科研、科技应用技术咨询、管理咨询、金融、投资领域、创造性行业

(续表)

	感觉型(S)		直觉型(N)	
	思维型(T)	情感型(F)	情感型(F)	思维型(T)
内向型(I)				
知觉型(P)	ISTP 坦率、诚实、讲求实效,好奇心强,而且善于观察,注重事实、平和寡言、平等公正。 适合领域:技术领域、证券、金融业贸易、商业领域、户外、运动、艺术等	ISFP 独处、沉静、友好、敏感、友善、回避矛盾、忠诚的追随者、做事不积极、有艺术天赋和审美感。 适合领域:手工艺、艺术领域医护领域、商业、服务业	INFP 敏感、理想化、忠诚,信仰坚定,富有同情心、理解力,沉默冷静。 适合领域:创造性、艺术类教育、研究、咨询类	INTP 沉默少言、富有才智和创造性、专注投入,独立,灵活易变,思维开阔。 适合领域:计算机技术、理论研究、学术领域、专业领域、创造性
外向型(E)				
知觉型(P)	ESTP 活跃、随遇而安、天真率直,友善、富有魅力,爽直、多才多艺和有趣,善于沟通和解决问题。 适合领域:贸易、商业、某些特殊领域服务业、金融证券业、娱乐、体育、艺术	ESFP 脾气随和、适应性强,热情友好和慷慨大方;通融有同情心;很有魅力和说服力。 适合领域:消费类商业、服务业领域广告业、娱乐业领域旅游业、社区服务等	ENFP 乐观、自然、富有创造性和自信、有想象力、适应性和可变性,具有魅力、充满生机,爱好和平。 适合领域:广告创意、市场营销和宣传策划、艺术指导、公关	ENTP 热情开放、足智多谋、健谈而聪明;灵活而率直;乐观幽默,富有感染力。 适合领域:投资顾问、项目策划、投资银行、自我创业市场营销、创造性领域、公共关系、政治
判断型(J)	ESTJ 务实、现实、尊重事实、有头脑;直爽坦率,友善合群。 适合领域:无明显领域特征	ESFJ 友好、富有同情心和责任感;讲求实际、实事求是和安排有序;注重责任与承诺。 适合领域:无明显领域特征	ENFJ 精力充沛、满腔热情、富有责任感、勤勤恳恳、锲而不舍;有条理;有魅力;富有同情心和理解力。 适合领域:培训、咨询、教育新闻传播、公共关系、文化艺术	ENTJ 热情、坦诚、坚定的领导者;有条理和分析能力;有预见能力。 适合领域:工商业、政界、金融和投资、管理咨询、培训、专业性领域

资料来源:北森测评网:http://www.beisen.com.

MBTI因其独到的理论根基、严格的操作规程和极强的实用性,被广泛应用于团队建设、职业生涯设计、教育学习以及个体与家庭治疗等领域。

第三节 职业适应性及测量

职业适应性是指一个人从事某项工作时,必须具备一定的生理、心理素质。它是在先天因素和后天环境相互作用的基础上形成和发展起来的。

职业适应性测验(Vocational Adaptability Test)主要从个体的需求、动机、兴趣等方面考察人与岗位工作之间的匹配关系。通过测验可以帮助个体了解自己的生活目的、追求或愿望,以及对工作的期望,对于职业决策具有重大的意义。

一、动机测验

动机是行为的内在原因,主要指发动一定行为满足某种需要的愿望,它因需求而产生,为行为提供能量,具有目标指向性。个人不同的动机需求模式决定了他们对自己在组织中的责任、职权和利益三者的认识,具体相互关系的构造,特别是决定了对这三者的运用方式。使用动机测评工具可以揭示个体的动机模式特征,评估动机与职业的匹配度,有助于个人了解自我,估计工作满意度,做出适当的自我设计和调整。而对于组织来说,该测验有助于预测员工的行为表现、稳定性,为有效地控制管理人员和选拔合格应聘者提供重要信息。

动机测验是为评定个体在工作中的动机水平而编制的。测验从权力动机、成就动机、亲和动机、风险动机四个方面描述被评价者的动机模式和强弱程度。

权力动机:考察受测者对各种控制力、影响力的态度和需要。具体内容包括:控制力(权威、决策、获胜、指挥、领导)、组织化意识、发展他人、上下级的相容性。高权利动机的人往往有许多积极有利的特征,诸如:进取意识比较强,有开拓精神,善于左右形势大局,果断自信,试图说服人,比较健谈。但权利动机过高的人会成为组织中的危险人物,他们只顾及个人的权力和利益,在极端情况下会不择手段,不顾组织的利益,甚至危害组织。总的来说,权力动机是有价值的,一定水平的权力动机是企业管理者实现统率力的行为根源,同时在组织中要控制权力动机的无限扩张。

成就动机:考察受测者对成就的态度和需要,包括目标设置与目标选择、努力程度等。由于成就动机具有行为驱动作用,在智力水平和其他条件相当的情况下,高成就动机的人获得的成功更大、绩效更突出。但成就动机过高也有逆反现象:人们对目标的设置降低难度,倾向于回避失败。结果是动机的行为驱动力减退,工作任务未必尽善尽美,而且因害怕失败而害怕尝试多种可能性,无形中放弃、丧失了很多机会。

亲和动机:考察受测者对交往活动的需求和对社交活动的愿望。亲和动机强的人很容易地与他人沟通、交流,并且促进团队中积极的社会交往;他们富有同情心,容易接纳他人,减少冲突,避免竞争,有利于合作气氛。亲和型的领导受下属的接受和拥护,团队合作密切。但亲和动机过于强烈时可能有副作用,如回避矛盾,害怕被拒绝,过于求同,忽视个性,甚至息事宁人,放弃原则。

风险动机:考察受测者对困难的态度和对失败的承受力,以及在遇到困难和挫折时对获得帮助的期待;考察受测者对风险的态度和决策风格。高风险动机的人可能过于莽撞,对可能的危险和损害估计不足,缺乏足够的大局意识和责任感,缺乏对失败的应变策略;低风险意识的人则过于保守、审慎,优柔寡断,谨小慎微,缺乏决断。

在个体层次上,上述四种动机的定位、组合模式与个人工作绩效和职业匹配程度关系紧密,因为个人不同的动机需求模式决定了他们对自己在组织中的责任、职权和利益的认识以及相互关系的构造,特别是决定了对这三者的运用方式。使用动机测量工具可揭示个体的动机模式特征,评估动机与职业的匹配度,有助于个人了解自我,估计工作满意度,做出适当的自我设计和调整。对组织来说,有助于预测员工的行为表现、稳定性,是有效控制管理人员和选拔合格应聘者的重要信息支持。在团体层次上,使用动机测量工具可帮助管理者了解控制组织成员的动机结构、水平,并进行有效的激励,以提高组织绩效和员工满意度。

二、职业兴趣测验

职业兴趣测验(Vocational Interest Tests)是心理测试的一种方法,它可以表明一个人最感兴趣的,并最可能从中得到满足的工作是什么,该测试是将个人兴趣与那些在某项工作中较成功的员工的兴趣进行比较。它是用于了解一个人的兴趣方向以及兴趣序列的一项测试。

对现代职业兴趣研究影响最大的是霍兰德的职业人格与工作环境理论。霍兰德于19世纪50年代开始职业兴趣的测量研究。在70年代早期,他提出了关于兴趣和兴趣测量的一些新方法。他认为兴趣是描述人格特质的另一种方法,是关于职业选择中最重要的人格的一种更广义的概念。人格是由兴趣、价值观、需要、技能、信仰、态度和学习风格组成的,但对于职业选择而言,兴趣是"人职匹配"过程中最重要的人格。在文献探讨的基础上,霍兰德进一步推断,既然弗洛伊德可以从有关性与父母关系的知识中建立人格理论,当然也可以从有关职业生活的知识中建立人格理论。基于此种认识,霍兰德提出了职业兴趣的人格类型理论。该理论认为个体对职业的选择受到动机、知识、爱好和自知力等因素的支配,最主要的是一个人选择某职业领域是受到其兴趣和人格的影响。该理论被认为是最具影响的职业发展理论和职业分类体系之一。详见本书第二章第一节中的"职业性向理论"。

基于这一理论所编制的职业兴趣测验,可以帮助个人对自我的职业兴趣进行探索。迄今为止,这一职业兴趣测验已被翻译成25种语言的版本,全世界已有超过2 000万的人都曾做过该测验,有关该测验的研究超过了500个。该测验由四大部分组成,分别让被试对四个方面进行自我评估,即您所喜欢的活动有哪些,您所擅长的活动有哪些,您所喜欢的职业有哪些以及您各方面能力水平如何。从被试的回答中可以确定最感兴趣的三种职业类型,并分别用三个字母来代表,根据这三个字母排列组合而成的职业代码,就可以在职业分类表中查找出可能适合被试的职业是哪些。

职业兴趣测验有许多用途,最典型的就是用于员工的生涯规划,因为一个人总是把自己感兴趣的事情做得很好。另外还可以用它作为选择的工具,如果你能选择那些与现职成功的雇员的兴趣相似的候选人,那么这些候选人很可能在新的岗位上取得成功。

三、自我效能感测验

自我效能感是班杜拉社会认知理论中的核心概念。自我效能感与结果期望不同,后者是指个体对自己行动后果的知觉,而自我效能感指的是人们对自己行动的控制或主导。

一个相信自己能处理好各种事情的人,在生活中会更积极、更主动。这种"能做"的认知反映了一种对环境的控制感,因此自我效能感反映了一种个体能采取适当的行动面对环境挑战的信念。自我效能感以自信的观点看待个体处理生活中各种压力的能力。

按照班杜拉的社会认知理论,不同自我效能感的人,其感觉、思维和行动都不同。就感觉层面而言,自我效能感往往和抑郁、焦虑及无助相联系;在思维方面,自我效能感能在各种场合促进人们的认知过程和成绩,这包括决策质量和学业成就等。自我效能感能会加强或削弱个体的动机水平,自我效能高的人会选择更有挑战性的任务,他们为自己确立较高的目标并坚持到底。一旦开始行动,自我效能感高的人会付出较多的努力,坚持更长的时间,遇到挫折时他们又能很快恢复过来。自我效能感还被广泛用于学校环境、情绪障碍、心理和生理健康以及职业选择等领域。

一般来说,自我效能感是一个领域特定(Domain-Specific)的概念,因为一个人在某一方面有较高的自我信念,在另一方面可能不是这样。但研究者也发现有一种一般性的自我效能感存在,它指的是个体应付各种不同环境的挑战或面对新事物时的一种总体性的自信心。

一般自我效能感量表(General Self-Efficacy Scale,简称 GSES),最早的德文版是由德国柏林自由大学的著名临床和健康心理学家 Ralf Schwarzer 教授和他的同事于1981年编制完成的。开始时共有20个项目,后来改进为10个项目。目前该量表已被翻译成至少25种语言,在国际上广泛使用。中文版的 GSES 最早由张建新和 Schwarzer 于1995年在香港大学的一年级大学生中使用。至今中文版 GSES 已被证明具有良好的信度和效度。

GSES 共10个项目,涉及个体遇到挫折或困难时的自信心。比如"遇到困难时,我总是能找到解决问题的办法"。

GSES 采用李克特4点量表形式,各项目均为1~4评分。对每个项目,被试根据自己的实际情况回答"完全不正确""有点正确""多数正确"或"完全正确"。评分时,"完全不正确"记1分,"有点正确"记2分,"多数正确"记3分,"完全正确"记4分。GSES 为单维量表,没有分量表,因此只统计总量表分。把所有10个项目的得分加起来除以10,即为总量表分。

第四节 职业素质及测量

职业素质(Professional Quality)是劳动者对社会职业了解与适应能力的一种综合体现,其主要表现在职业兴趣、职业能力、职业个性及职业情况等方面。影响和制约职业素质的因素很多,主要包括:受教育程度、实践经验、社会环境、工作经历以及自身的一些基本情况(如身体状况等)。一般说来,劳动者能否顺利就业并取得成就,在很大程度上取决于本人的职业素质,职业素质越高的人,获得成功的机会就越多。

一、职业素质的内容

职业素质通常包括以下内容:
(1) 身体素质:指体质和健康(主要指生理)方面的素质。
(2) 心理素质:指认知、感知、记忆、想象、情感、意志、态度、个性特征(兴趣、能力、气质、性格、习惯)等方面的素质。拓展训练可以提高心理素质,很多知名企业都通过拓展训练来提高员工的心理素质以及团队信任关系。
(3) 政治素质:指政治立场、政治观点、政治信念与信仰等方面的素质。
(4) 思想素质:指思想认识、思想觉悟、思想方法、价值观念等方面的素质。思想素质受客观环境等因素影响,例如家庭、社会、环境等。
(5) 道德素质:指道德认识、道德情感、道德意志、道德行为、道德修养、组织纪律观念方面的素质。
(6) 科技文化素质:指科学知识、技术知识、文化知识、文化修养方面的素质。
(7) 审美素质:指美感、审美意识、审美观、审美情趣、审美能力方面的素质。
(8) 专业素质:指专业知识、专业理论、专业技能、必要的组织管理能力等。
(9) 社会交往和适应素质:主要是语言表达能力、社交活动能力、社会适应能力等。社交适应是后天培养的个人能力,职业素质的另一核心之一,侧面反映个人能力。
(10) 学习和创新方面的素质:主要是学习能力、信息能力、创新意识、创新精神、创新能力、创业意识与创业能力等。学习和创新是个人价值的另一种形式,能体现个人的发展潜力以及对企业的价值。

二、职业素质的特征

职业素质具有下列一些主要特征:

职业性:不同的职业,职业素质是不同的。对建筑工人的素质要求,不同于对护士职业的素质要求;对商业服务人员的素质要求,不同于对教师职业的素质要求。李素丽的职业素质始终是和她作为一名优秀的售票员联系在一起的,正如她自己所说:"如果我能把十米车厢、三尺票台当成为人民服务的岗位,实实在在去为社会做贡献,就能在服务中融入真情,为社会增添一分美好。即便有时自己有点烦心事,只要一上车,一见到乘客,就不烦了。"

稳定性:一个人的职业素质是在长期执业时间中日积月累形成的。它一旦形成,便产生相对的稳定性。比如,一位教师,经过三年五载的教学生涯,就逐渐形成了怎样备课、怎样讲课、怎样热爱自己的学生、怎样为人师表等一系列教师职业素质,于是便保持相对的稳定。当然,随着他继续学习、工作和环境的影响,这种素质还可继续提高。

内在性:职业从业人员在长期的职业活动中,经过自己学习、认识和亲身体验,觉得怎样做是对的、怎样做是不对的。这样,有意识地内化、积淀和升华的这一心理品质,就是职业素质的内在性。比如说,"把这件事交给小张师傅去做,有把握,请放心"。人们之所以放心,就是因为小张师傅的内在素质好。

整体性：一个从业人员的职业素质是和他整个素质有关的。我们说某某同志职业素质好，不仅指他的思想政治素质、职业道德素质好，而且还包括他的科学文化素质、专业技能素质，甚至还包括身体心理素质。一个从业人员，虽然思想道德素质好，但科学文化素质、专业技能素质差，就不能说这个人整体素质好。同样，一个从业人员科学文化素质、专业技能素质都不错，但思想道德素质比较差，我们也不能说这个人整体素质好。所以，职业素质一个很重要的特点就是整体性。

发展性：一个人的素质是通过教育、自身社会实践和社会影响逐步形成的，它具有相对性和稳定性。但是，随着社会发展对人们不断提出的要求，人们为了更好地适应、满足、促进社会发展的需要，总是不断地提高自己的素质，所以，素质具有发展性。

三、职业素质测试

职业素质测试可应用于不同途径。常见的职业素质测试有以下几种：

1. 技术人员职业素质测试

对于技术人员而言，职业技术测试内容的重点是：
(1) 智力水平，尤其是思维能力。
(2) 创造力。
(3) 与自己专业有关的特殊能力。例如，工程师要测试机械设计能力，教授、记者要测试言语能力。
(4) 成就动机、意志、毅力等。

2. 管理人员职业素质测试

对于从事管理工作的人员而言，职业素质测试的重点是：
(1) 智力水平。
(2) 语言能力。
(3) 职业气质。
(4) 责任心、意志。
(5) 人际关系能力。
(6) 竞争素质。
(7) 个人修养、包容力等。

3. 在校学生职业素质倾向测试

对于在校学生的测试，依大学、大(中)专、职校(技校)的不同而不同，依学生所读专业不同而不同。测试的侧重内容是：
(1) 特殊才能方向。
(2) 职业兴趣方向。
(3) 职业适应性方向。

（4）价值观状况和成就动机。
（5）心理成熟度。
（6）社会关系、处事能力、人际交往能力
（7）一般心理健康的内容，如自信心、情绪稳定性、情感、意志、抗压性和耐冲击的能力。

本章小结

1. 基本概念
职业能力倾向　气质　人格　职业适应性　职业素质
2. 主要测评工具
气质测评　卡特尔16因素人格测验　MBTI测评指标　职业兴趣测验

复习与思考

1. 什么是职业能力倾向？有哪些工具可以帮助人们了解自己的职业能力？
2. 四种不同的气质类型的特点各是什么？
3. MBTI测评中人格类型指标指的是什么？你觉得自己属于哪种类型？
4. 职业适应型测验主要包括哪些内容？

应用案例分析

假设有两个不相上下的候选人，履历丰富且能力超强，都完全符合岗位要求，你会选择谁？如果不仅是两个，而是10个或100个，你又该怎么选择？根据2019年LinkedIn的报告，57%的招聘专业人员使用软技能评估，60%的人认为这些评估将在未来五年产生巨大影响。

例如，人工智能视频面试即将盛行。AI视频面试可以超越时空限制，从更大范围内招募合适的候选人。基于面部扫描算法来对面试过程进行监控与评估，考察求职者的用词、神态、姿势等因素，以此对其面试表现给出匹配与否的综合评定。这在客观性、时效性、全面性等方面都优于传统测评技术。

此外，应用社交媒体，诸如LinkedIn或Facebook，来进行雇佣甄选也是一种新兴的人才测评工具。社交媒体上的资料可反映出求职者的人格、技能、经验以及价值观等关键信息，可作为对其胜任力以及匹配性的重要判断依据。有研究发现，基本资料更完善的用户（被视为更加尽职）得到LinkedIn推荐的可能性更大，而LinkedIn推荐的人选在其后的职业生涯中获得成功的概率更高，说明客户公司基于LindedIn这类社交媒体对求职者做出的评价具有较高的信度和效度。这为职业测评提供了另一种全新的视角和工具。

资料来源：《LinkedIn未来招聘趋势报告》Roulin and Levashina（2019）的研究.

思考题：

1. 职业测评在职业生涯管理中有什么作用？
2. 人工智能技术的兴起对职业测评有什么影响？
3. 职业测评的信度和效度有何作用？如何提高信度和效度？

第二篇

职业生涯管理的过程与实施

第四章 职业生涯规划

 **开篇故事**

2019年,中国青年报社社会调查中心联合问卷网,对1 984名职场人士进行了一项职业调查,结果显示,90%的受访职场人士指出,身边入职未满3年就跳槽的年轻人很多。在职场初期频繁跳槽很可能会影响业务水平的提升和人际关系的累积,为什么一些年轻人没能把握好初入职场的这段成长"黄金期"?76.2%的受访职场人士将其归因于他们心态浮躁、不够务实;62.9%的受访职场人士认为是没能做好清晰的职业规划。职业生涯规划已经成为每一个将要或已经步入职场的人无法回避的话题。

当然,也有职业生涯规划做得比较成功的,例如,富达投资总裁罗伯特·波曾(Robert Pozen)曾在《哈佛商业评论》的一篇文章中分析自己的职业生涯规划。从一名法学毕业生,到证券交易委员会高管,从法律事务所合伙人到大型金融服务公司总裁。这一切并不是最开始都计划好了,按着既定的轨道前行,他自述"没有什么伟大的计划,只是很努力地迈出职业生涯中的每一步"。在职业生涯的前期阶段,罗伯特不断加深对自己的了解,发现相较于草拟法规和撰写条例,自己更喜欢从事交易和管理人。基于这一认识,他选择加入富达投资,并在接下来的十年中不断晋升,最终被挑选为总裁,在职业生涯发展中,学习可转移的知识,扩大人际关系网络被他列为关键要素。面对人工智能时代的到来和工作种类与模式的多元化趋势,你需要思考自己当前的职业生涯规划是否具有足够的韧性和可调整性?你是否已经或正在努力准备迎接未来的变化与挑战?

第一节 职业生涯规划的界定

职业生涯规划的英文是Career Planning,规划的对象并不是工作(Job),也不是具体的分工(Occupation),而是职业生涯(Career)。职业生涯规划的目的也并不仅仅是根据自身的条件找到一份合适的工作,而是为职业生涯设定目标,并制定实现目标的步骤。与职业生涯规划相关的概念包括职业生涯管理、职业生涯开发、职业生涯发展等,这几个概念存在联系却不相同。相较于职业生涯规划,职业生涯管理更广义,它是指组织和个人对职业生涯进行规划、实施、评估和反馈调整的完整过程。职业生涯开发更侧重于组织和个人基于主客观因素对个体进行培养和潜能发掘的过程。职业生涯发展侧重于职业生涯规划实施带来的结果,可以从长度(时间)、广度(角色的多样)和高度(职级晋升)等维度去考量。职业生涯规划则更侧重个体对自身职业生涯的设计与目标实现策略的选择。国外学者 Barker(1998)将其定义为个人利用掌握的职业信息做出职业选择，制定职业规划来实现职业目标。罗双平(2008)结合前人研究，认为职业生涯规划要同时考虑个人和组织，从而将职业生涯规划定义为将个人与组织的发展相结合，在综合分析主观因素和客观环境的基础上，做出职业选择，确定最佳的职业奋斗目标，并为实现目标制定相应的计划和措施。

职业生涯不是静止的，而是具有时间性，它不只存在于人生的某个阶段，而是会贯穿整个人生(林辉，2014)。职业生涯规划也是一个动态过程，在职业生涯的发展过程中，规划会做出相应调整，以应对内外部环境的变化。因此，**本书认为，职业生涯规划是个体以自身和组织的共同发展需求为基础，综合考虑主客观因素，制定职业目标和实现方法，并不断根据内外部环境的变化做出适时调整的过程。**

职业生涯规划也可以分为个人角度和组织角度的职业生涯规划。个人职业生涯规划关注的是组织成员为获取成长、体验成功，不断进行职业选择，制定职业成长规划的过程；组织职业生涯规划着眼的是个体服务于组织发展需要，在组织内获取职业成功的规划过程。由此可知，一个成功的职业生涯规划，需要以个体-组织职业生涯规划相匹配为前提。组织中长期人力资源规划，不仅关系着组织职业生涯规划的现实可操作性，还可以帮助个体员工根据组织需要做好自己的职业发展规划，从而确保个体-组织生涯规划的匹配，实现个体-组织的双赢。

第二节　职业生涯规划的考虑因素

个人的职业生涯遵循一定发展规律，通常包含早期、中期、后期多个阶段。不同阶段会面临不同的职业发展问题，需要不同的职业经验和技能，因此应进行区辨性考虑。

一、职业生涯规划早期的焦点

职业生涯早期阶段是指个体从学校毕业进入组织并在组织内逐步"社会化"，被组织所接纳的过程。从个人角度看，这是一种接受训练和入职的过程；从组织角度看，是上岗导入和基础训练的过程。

处于职业生涯早期的员工，通常精力旺盛，具有远大的职业理想，对成功的心理需求强烈。但他们面临着"由学校向社会""由学生向雇员"的角色转变。同时，新员工对组织尚不了解，与上司、同事、群体之间尚不熟悉。这些都影响着该阶段的职业生涯规划工作。

具体而言，做好职业生涯早期的职业生涯规划，需要考虑解决如下问题：期望与现实不匹配导致的现实冲击，新员工难以得到上司信任与重用，老员工对新入职员工存在偏见，新员工不接受组织文化，新员工不能很好地适应工作群体等。而加强社会化、促进职业适应、提升可雇佣性(employability)是解决该阶段员工职业发展问题的有效措施。

二、职业生涯规划中期的焦点

职业生涯中期是一个时间长,变化大,既可能成功又可能失败的阶段。处于这一阶段的员工,通常已经确定了职业生涯发展目标。他们往往具有很强的职业成就动机,积极向上、追求职业发展和晋升机会。在职业中期阶段的员工,职业能力逐渐成熟。他们有一定生活阅历,具备了一定人际交往技能和经验;价值观趋于稳定,世界观比较成型;职业技能逐渐娴熟,积累了丰富的职业经验;甚至个别员工已经取得一定的成功。

但在该阶段,员工也会面临职业生涯中期危机,包括缺乏明确的组织认同和贡献区;理想与现实的落差,未获得预期成就;职业发展遇到瓶颈,遭遇职业天花板;家庭负担重,工作-家庭冲突凸显;健康状况开始下降,影响工作投入等。

欲做好职业生涯中期的职业规划,需要考虑解决上述危机的措施和对策。诸如帮助和指导员工确定职业锚,实施岗位轮换、工作丰富化等制度。制定公平透明的晋升制度,强化沟通机制,完善培训体系,推行弹性工作制以及福利支持计划等都是可尝试的解决职业生涯中期规划难题的策略。

三、职业生涯规划后期的焦点

职业生涯后期一般是指员工由工作状态逐渐走向衰老,并最终以退休方式退出组织边界的过程。但由于职业性质和个体特征的不同,职业生涯后期的内涵也发生了变化。对于那些职业能力强和职业生涯发展多样化的员工而言,其职业生涯后期阶段的起始时间可能与一般员工有所不同。

不过,通常来说,职业生涯后期就是员工职业生涯的终点。他们大多数会表现出安于现状,淡泊名利的心理特征。而随着年龄的增长,其体力、精力等生理机能开始退化,学习能力开始下降,知识和技能也有老化趋势,职业能力也逐渐衰退,进取心也大不如前。这都成为职业生涯后期规划所需考虑的因素。

帮助员工调整心态,做好退休生活的适应准备;实施继任计划、退休计划、返聘计划等都是处理职业生涯规划后期问题的有效策略。

第三节 职业生涯规划的原则与方法

在当今的工作环境中,外部市场和政策的不断变化,使得持续的工作不安全感和失业已经成为"新常态"。企业希望节约成本的同时又提升绩效,保持员工低流动性的状态已经成为过去式。在这种"新常态"下,企业更多是希望能够保持灵活性,来应对风险和未来。那么,这对职业生涯规划提出了新的要求。

一、职业生涯规划的原则

为了使职业生涯规划更符合个人和组织的发展需求,在制定职业生涯规划时需要遵循一定的原则,既要切实可行,又要能激人奋进,既要有长久打算,又要能适时调整。具体来说,职业生涯规划需遵守如下 8 条重要原则:

1. 长期性原则

职业生涯会贯穿一生,在制定规划时要考虑到生涯发展的整个历程,不能目光短浅,只顾眼前。如果只在乎一时的得失,往往会与成功失之交臂。

2. 变动性原则

职业生涯规划要有一定的缓冲性,目标制定后并不是一成不变的,当主客观条件发生变化时,需要及时调整,包括具体的目标、阶段和完成时间等。

3. 清晰性原则

从职业选择到目标设定,以及实现目标的具体措施步骤,都要具有清晰性,使规划者能一目了然,明确每一阶段的目标与实现方式。

4. 可行性原则

制定职业生涯规划时要切实可行,一切从实际出发,综合考虑自身情况和外部环境,不能设定远超出自身能力范围的目标,这样会影响行动的积极性,使目标成为"花瓶",起不到实际作用。

5. 挑战性原则

制定的规划与目标同时还要具有挑战性,如果轻易就能实现,很可能会埋没才能,无法激发个人潜能,获得真正的成长。

6. 一致性原则

职业生涯规划过程中,需要考虑总目标在拆解为分目标的过程中是否保持一致性,采取的措施与目标是否一致,设定的目标是否符合个人的实际情况等。

7. 可衡量原则

规划的设计与目标的设定最好能有时间和标准,一方面可以在实施过程中进行实时检查和评估,另一方面也可以为之后规划的调整提供参考。

8. 激励性原则

如果个体设计的规划和目标是基于自身的性格或兴趣特长,将会发挥内在激励作用,使个体更有动力采取措施实现各阶段目标。

二、职业生涯规划的方法

目前常用的职业生涯规划方法包括:橱窗分析法、测试法、PPDF 法、SWOT 法。每种方法遵循各自的内在逻辑,但都是从认识自我、分析自我、分析环境等方面来设计职业生涯。

1. 橱窗分析法

如图4-1所示,橱窗分析法主要用在自我认识和剖析阶段。橱窗代表的是对一个人的了解,将橱窗放在直角坐标系中,横轴代表别人对你的了解,纵轴代表你对自己的了解,以此将自己分为了"四个部分"。在坐标橱窗中"公开我"代表自己和别人都知道的部分;"隐私我"代表自己知道,别人不知道的部分;"潜在我"代表自己和别人都不知道的部分;"背脊我"代表自己不知道,别人知道的部分。

其中最为重要的是了解"潜在我"和"背脊我","潜在我"会影响一个人未来的发展,对这部分自我的认识,可以更好地激发潜能。通过倾听他人意见和看法,可以认识"背脊我",加强对自己的了解。

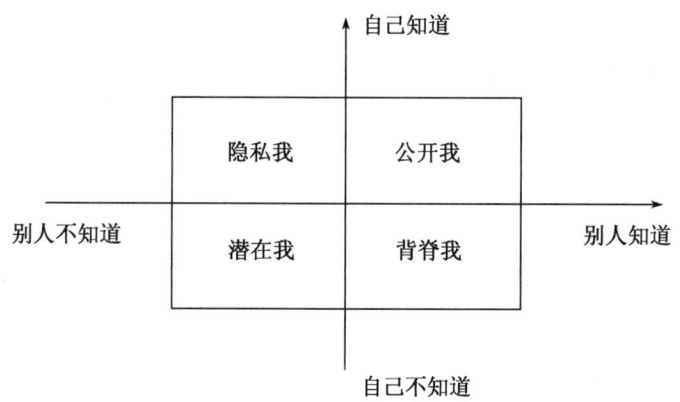

图4-1 橱窗分析法坐标图

资料来源:张再生.职业生涯开发与管理[M].天津:南开大学出版社,2003.

2. 测试法

测试法也是针对自我剖析阶段,通过一系列测试题目对自己的人格、气质、智力、能力等进行测试。目前比较常用的测试方法有:① 性格测试,如 MBTI 性格测试、PDP 性格测试等;② 能力测试,如职业能力倾向测验;③ 智力测试,如斯坦福-比奈智力量表、韦克斯勒智力量表等。随着计算机技术的发展,测试的结果越来越科学、准确,具备参考价值。

3. PPDF 法

PPDF 的英文全称是 Personal Performance Development File,是指个人职业生涯发展道路或档案。PPDF 的使用对象通常包括员工个人和主管。由于 PPDF 具有连续性,因此可以让员工和主管对员工工作经历有更连续完整的了解。PPDF 中既包括员工当前的目标,也包括将来短期和长期的目标,员工为实现这些目标需要具备何种知识、技能和能力也会在其中进行标示。主管也可以通过员工的 PPDF 系统了解员工取得的成就和未来的规划。

4. SWOT 法

SWOT 法在管理学理论和实践中被广泛应用,通过分析优势(Strength)、劣势(Weakness)、机会(Opportunity)和威胁(Threat),可以对研究对象形成一个相对客观和准确的认识。将 SWOT 分析法用在职业生涯规划中,SW 主要分析个人内部条件,OT 对应外部环境特征。实际运用时需要做自我评估,分析自己在工作中的优势与特长,同时也要对自己的缺点和不感兴趣的工作、任务进行剖析。扬长避短,选择能发挥自身特长的工作,更能在工作中发现乐趣和有所成就。自我评估后,也要了解外部存在的机会和威胁,分行业、分地域、分公司进行调查。综合自我评估与调查结果,就可以构造 SWOT 矩阵,并制定相应的职业生涯计划。

第四节　职业生涯规划的模式与步骤

一、职业生涯规划的模式

在职业生涯规划的研究中,学者们逐渐总结出一些模式,如 5What 模式、CGIC 模式、权利-社会模式等(林辉,2014;史国君等,2005)。

1. 5What 模式

5What 模式也被称为归零思考模式,5 个 what 包括:

(1) What are you? 这是"归零"的起点,通过反思、剖析自我,深刻了解自身的优缺点,形成一个清晰、全面、客观的自我认识。

(2) What do you want? 认识自我之后,对自己想要和需要的职业进行审视。

(3) What can you do? 想要与需要的职业不一定自己能胜任,所以还需清楚自己的能力和潜能。

(4) What can support you? 分析完自身条件,还要考虑外部环境,即周围哪些资源可以为你的发展提供支持。

(5) What can you be in the end? 这是从长期考虑,确立最终职业目标。

2. CGIC 模式

CGIC 模式包括四个步骤:认识(Cognizance)、目标(Goal)、阶梯(Ladder)和结合(Cohesion)。认识是指认识自我,对自己的能力、性格、兴趣等建立起完整、客观的认识,这是职业生涯规划的起点。目标是指设定职业生涯的目标,通过对社会环境和组织环境等外部因素的认知,制定合理、可行的职业发展目标。阶梯是形容职业生涯的发展如同阶梯式的行进，每实现一个目标，就可以向上走一个台阶，直到实现最终职业目标（史国君等，2005）。结合是指将自己和组织及社会的需要结合起来，从系统的角度思考问题，实现目标。

3. 权利-社会模式

权利-社会模式是指个体、组织、社会都拥有制定或协助制定个体职业生涯规划的权利，最终目标是寻求三方利益最大化的平衡点。知识经济社会，个体仍然是职业生涯规划的主体，但个体与组织如何共同发展更加受到关注，每一主体会主动关注其他利益主体。在这一模式下，个体、组织和社会更有可能实现共赢的目标，员工可以提高自身的竞争力，积累人力资本；组织可以节约成本，使员工有更高的工作效率和组织承诺。个体和组织的发展又会推动整个社会的发展与进步，实现互利共赢。

二、职业生涯规划的步骤

虽然采用的方法和模式可能不同，但制定职业生涯规划的步骤具有共性，主要包括自我剖析与认识、职业探索与评估、目标与路线的确立、行动的实施和反馈调整五个环节。

1. 自我剖析与认识

职业生涯规划要由内而外进行，对内就是对自己进行分析、了解，即自我剖析和认识。首先要分析自身的性格、能力、特长和兴趣，了解自己适合做什么，能做什么，想做什么。以性格为基础找到适合自己的职业，可以降低错配风险；对能力、特长的评估可以发现自己擅长的领域，增加成功的概率；结合兴趣进行职业选择和规划，找到与兴趣相符的工作，将增添工作的动力和乐趣。通过初步的自我剖析和认识，自己的职业需要、职业倾向和职业价值观等会逐渐清晰，有助于走好职业生涯规划的第一步。

2. 职业探索与评估

机会来源于外部，在对内自我认识的基础上，对外要进行环境评估。人具有社会属性，无法脱离环境而生存，不考虑外部环境的职业生涯规划无异于闭门造车。在职业探索与评估中涉及的外部环境可以分为社会环境和组织环境。社会环境主要包括宏观政策、劳动力市场和就业趋势。通过对整体就业环境的评估，可以了解当前市场上各个行业的发展现状与未来前景，从中发现适合自己的就业机会。在经济与科技快速迭代的当下，涌现出大量新兴行业与职业，如人工智能研究员、首席体验官、宠物医生、私人理财师等。在了解行情的基础上结合个人实际情况进行分析、评估，个体将能够更好地利用外部环境，抓住机会，趋利避害，实现职业生涯的目标。在对组织环境进行评估时要考虑的因素会更加具体，如对就业企业类型的选择，包括企业规模、企业性质、企业知名度、所在区域等。此外还需要评估企业的组织架构是否利于个人发展，企业文化是否与个人价值观相符，企业的现状是否有前景，选择适合自己、与自己相契合的组织能让职业生涯发展更顺利。

3. 目标与路线的确立

在自我认识与职业评估完成后，下一步是设定职业发展目标和路线。目标的确定是职业生涯规划的关键与核心。如果目标设定的不正确、不合理，最终很可能南辕北辙或半途而废，无法取得职业生涯的成功。

职业目标的设定需要遵循可执行、可实现、最优化的原则，将自身和外部环境都设定为最佳值，而后确立最终目标、长期目标和短期目标。在最终目标和长期目标确立后，将其进行拆解，形成具体可操作的短期目标。此外，设定的职业目标不要过多，领域不要过宽，否则会导致时间和精力的分散与浪费；综合考虑职业与家庭生活，尽量使职业目标能实现工作-生活平衡。

职业生涯路线是指具体的发展方向，更倾向于专业技术方向还是管理方向，不同方向会有不同的要求。在进行路线选择时，同样需要考虑内外部因素，自身更喜欢钻研技术还是统筹全局，组织是否鼓励多路线发展和转换。路线确定后，能够明确对自己的要求和后期的具体行动。

4. 行动的实施

为了实现职业生涯目标，需要制定具体的行动计划并付诸实施。KAS（Knowledge-Ability-Skill）是影响一个人工作表现的重要因素。在制定行动计划时需要思考为了实现目标，需要积累哪些知识、培养哪些能力、学习哪些技能来提高工作效率和业务能力。提升 KAS 一般可以通过参加教育培训、轮岗锻炼、自报课程或自学相关知识和技能等方式实现。其中，公司的教育、培训等学习机会是重要的外部资源，个体在制定具体的行动计划时需要将其考虑在内。行动计划和措施需要具体可行，方便定期检查。

5. 反馈调整

事物都是不断发展变化的，有些变化容易预测，有些则难以预见。职业生涯规划是一个动态过程，自身和外部因素的变化都可能对其产生影响，这符合变动性的原则。在规划的执行过程中，需要根据具体实施情况及时反馈，检查过去的一段时间职业生涯是否在按规划发展，评估未来短时间可能遇到哪些新变化。当变化发生时，职业生涯规划也需要进行相应的调整，这样才能使"计划赶上变化"。调整的具体内容包括：职业目标的修正、职业生涯路线的调整、行动与计划的变更等。

 **本章小结**

1. 职业生涯规划的界定
2. 职业生涯规划的原则与方法

（1）原则

长期性原则　变动性原则　清晰性原则　可行性原则

挑战性原则　一致性原则　可衡量原则　激励性原则
（2）方法
橱窗分析法　测试法　PPDF 法　SWOT 法
3. 职业生涯规划的模式与步骤
（1）模式
5What 模式　CGIC 模式　权利-社会模式
（2）步骤
自我剖析与认识　职业探索与评估　目标与路线的确立　行动的实施　反馈与调整

复习与思考

组织结构的扁平化趋势对个体职业生涯规划有哪些影响？

近年来，在组织变革中扁平化趋势越来越明显，扁平化的组织结构逐渐取代过去的科层制，在理论和实践中备受关注。组织扁平化是指适当增加管理幅度，将每一层次的职能进行扩展，减少之前复杂的中间管理层级，不再需要层层汇报。扁平化的组织结构可以缩短决策流程，提升工作效率，调动管理者和员工的积极性与主动性（赵曙明，2015；李华，李传昭，2004）。然而，在这种组织架构中，晋升的职位会相对减少，员工的晋升空间也会更加狭小，彼此间的竞争加剧，影响员工的心理、态度和行为，对组织和员工形成新的挑战。

应用案例分析

随着疫情的加速扩散，各个国家除了要应对不断上升的确诊人数，还要面临一个残酷现实：经济遭受重创之下，失业人数的激增。以美国为例，根据美国劳工部 2020 年 4 月 2 日公布的最新数据，过去一周申领失业救济金的人数达到 664.8 万，再创历史新高。加上此前一周的 328.3 万，目前美国失业人数约有 1 000 万。有经济学家预计，随着美国经济大幅下滑、更多公司裁员，失业人数将持续飙升。其他各国的形势也不容乐观。危机面前，发展一份副业是一个不错的选择，它或许不能从根本上解决问题，但在某种程度上能够帮你规避不确定性，最起码能够在全职工作之外带来一份额外的收入。

随着平台技术的兴起以及公司越来越多地聘用外包人员、供应商和临时员工，在全职工作之外，再没有比开展副业更容易创造收入的了。近 4 400 万美国人目前经营着各种各样的副业，包括为拼车公司开车、出租房屋或在网上出售手工艺品。副业激增的一个原因是这很容易开始。例如，只需花两分钟在亚马逊土耳其机器人平台上完成在线调查，短暂地等待批准后即可获得酬劳。要成为一名 Lyft 司机，你需要的只是一张有效的驾照、一辆体面的汽车、无不良驾驶记录并且完成一份简短的在线申请。即使是更专业的副业，例如平面设计或网络开发，也可以在一两天内通过在 Upwork 或其他平台上创建个人资料来启动。

但是管理副业并非易事。一些只靠副业养活自己的人，会与工作上的不安全感做斗争，并努力寻找身份认同，但许多人也发现他们可以将副业的好处与全职工作的稳定性统一起来。更具体地说，副业可以为个体赋能，让人们在自己的工作上找到了主动权，这导致了他们在情感和认知上对副业的投入。人们甚至把与这种经历相关的积极情绪带到了自身的全职工作中，提高了他们在全职工作中的表现。然而，在某些情况下，副业会分散全职工作的注意力。

人们会出于各种各样的原因追求副业，研究发现追求副业的动机增加了人们在副业中被赋权和参与的机会。对许多人来说，追求副业出于实际利益，比如增加收入和保障。在研究中，45%的人说他们进行副业的最大动机是增加工资和声望。其他人则出于不同的原因追求副业，其中，34%的人表示，他们做副业的首要动机是对多样性和自主性的渴望。例如，收银员可能通过在Taskrabbit上打零工来寻找生活的多样性，会计可能在Etsy上追求作为艺术家的自主权。另有7%的人表示，他们做副业的首要动机是增加社交互动，并在副业中造福他人。例如，一个人可能选择在Lyft开车以增加社交互动，或者选择在晚上去社区大学教书，以造福他人。持有这些动机似乎鼓励了个人更积极地塑造工作及其内容，增加了参与度。最后，14%的人说他们进行副业的首要动机是在工作中有更多的安全感。例如，一个人可以在Airbnb上出租一间空房，以确保他们不会拖欠抵押贷款。

资料来源：《哈佛商业评论》2020年4月3日《美国失业人数近千万：拥有一份副业有多重要？》

思考题：

1. 怎样选择适合自己的副业？
2. 如何平衡副业与全职工作？
3. 面对正在或即将到来的突发情况，如何制定或调整职业生涯规划？

第五章　个人职业生涯管理

 开篇故事

《哈佛商业评论》2016年5月的一篇文章提到个人的职业选择,其中就有高盛公司证券销售副总裁希瑟·库格林的故事。库格林做出了一个令人感到疯狂的决定,她放弃了稳定的工作,去帮助建立赫德森·斯特里特(Hudson Street)公司。这是一家独立经营的子公司,为客户提供投资研究服务。该公司成立的部分原因是政府要求金融机构在开展投资业务时不仅需要提供内部分析师的报告,还需外部专业机构的评估报告。库格林的预见力,不仅是因为她认为该项服务的需求将会增长,也是因为她明白,股市菜鸟们需要像她那样具有丰富经验的人为其提供服务。

"审视周围的世界并不断向前,是至关重要的。"她解释说,"我目睹了两次经济危机和大裁员,我发誓,我必须保持总是领先一步。"很多同事认为她简直疯了,为了一个尚未成形的目标而离开现在舒适的位置,无论报酬还是地位都因此而受到冲击。但是她在帮助启动和运作赫德森·斯特里特过程中所建立的运营技巧,促使她得以胜任业务开拓工作,最终,她成为伊西斯母公司的CEO。

前文中提到,个体与职业生涯之间存在着就业和适应就业的一个动态过程,因此,个人的职业生涯管理与组织的职业生涯管理也是存在着这样的动态关系,因为它们之间有着一种"共同关系"(Pazy,1988)。一个人的终极工作-生活挑战是如何将不同的生活领域结合起来,使他们在生活中真正感受到投入、高效和满足。接下来的两章将详细讲述个人与组织的职业生涯管理内容。当然,每个人在进行个人的职业生涯管理的时候,必须对外部的环境有一定的了解和判断(Reardon et al.,2000)。Reardon等人(2000)认为,个体对世界的理解与真实的世界有偏差,因此,一个人会根据自己的目标、理想、价值观和能力去构造自己想要的职业生涯。而Reardon等人将这外部的影响因素分为四大类,即科技与全球经济、企业文化、其他工作方式以及职业和家庭角色。因此,个人需要根据这些外部因素制定相应的目标和决策,并适应和不断地给予自己职业生涯的挑战。

考虑到世界上的技术和经济变化,职业的性质或人们追求职业的方式都不断地发生变化。不断变化的工作环境(如技术创新)使人们发现现代职业越来越复杂。个人职业生涯管理被认为是员工职业生涯成功的重要因素,但许多人对自己职业的自我管理的投入较少,因为他们通常是被动地对职业环境的变化做出反应(Wesarat,2014)。例如,这次的新冠肺炎疫情无疑对全球经济造成了影响,当然,根据职业性质的变化和就业的不稳定,越来越多的人认为个人的职业发展是自己的责任,而不是组织的责任。因此,设定良好的职业生涯目标是个人职业生涯管理的第一步。

第一节 职业生涯目标

一、职业生涯目标的含义与分类

职业生涯目标(Career Goal)是人们期望达成或实现的职业相关的结果(Greenhaus, et al., 2010)。职业目标可以从员工和组织两个角度去考虑。对于员工来说，职业生涯目标表示员工自己未来的认识和规划。从组织的角度来看，职业生涯目标被认为能够促进有效的工作绩效，也是人力资管规划的基础。不同学者对职业生涯目标做出了不同分类，包括外职业生涯目标与内职业生涯目标，热门目标与冷门目标，概念目标与行动目标，以及短期目标与长期目标。

1. 外职业生涯目标与内职业生涯目标

美国职业生涯管理学家施恩把职业生涯分为"外生涯"和"内生涯"。据此，职业生涯目标也可以根据它的存在状态分为外职业生涯目标和内职业生涯目标。其中，外职业生涯目标侧重于职业过程的外在标记，通常针对一些具体的要素，如职位、工作内容、工作环境、收入、工作地点等。而内职业生涯目标则侧重于职业生涯过程中的内心感受，比如观念、掌握新知识、提高心理素质、处理与其他人生计划的关系等目标。

2. 热门目标与冷门目标

依据某个目标的热门程度，职业生涯目标可以分为热门目标和冷门目标。当一个目标成为热门目标时，通常社会对它的需求就较大，社会环境对它也较为有利，但针对这一目标的竞争亦较为激烈，不利因素和需要付出的代价也容易被人们忽略。而冷门目标虽然暂时不被大多数人重视，但只要它有一定的社会价值，未来也有可能成为热门的职业方向。因此，人们在设定职业目标时，可以根据自己的喜好与条件选择合适的目标。

3. 概念目标与行动目标

从性质上职业生涯目标可以分为概念目标和行动目标。其中，概念目标是在不考虑特定工作或职位的情况下，对个人期待的工作状态的本质性描述。它能反映出人的价值观、兴趣、才能和对生活方式的偏好，可以包括工作性质、人际关系、物质条件、生活方式以及人们从与目标相关的经历中得到的内在享受。这种目标一旦实现，就能使人从事愉快的、能够自我实现的和得到满足的工作。行动目标则是把概念目标转化为具体的工作或岗位。一旦这个目标实现，将有助于后续目标的实现。但行动目标只是实现概念目标的手段。

假如一个人的概念目标是寻找一份具有以下特点的营销工作：需要广泛地研究、分析市场，赋予很多责任，活动范围很宽，工作节奏经常变化，能接触各种客户，能实现工作-家庭平衡,工作场所地处温暖气候之中,规模不是很大,发展势头良好。那么他的行动目标可能就是成为某公司营销部门的研发经理。如果这一目标得以实现,就可能促使实现下一个目标——营销副总裁。

4. 短期目标与长期目标

根据时间维度,职业生涯目标可划分为长期目标和短期目标。长期目标通常是对5~7年职业目标的规划;而短期目标更关注当下,可能是1~3年的规划。但所谓长期与短期是人为划分的,其具体的时间长短会根据一系列因素有不同的变化。表5-1是针对人力资源经理助理制定的短期目标与长期目标。

表5-1 人力资源经理助理的短期目标与长期目标

	短期目标	长期目标
概念目标	在人力资源管理工作中承担更多职责	参与人力资源规划
	广泛涉足人力资源管理各方面的工作	参与公司的长期规划
	与部门经理有更多的互动	参与公司政策的开发与实施
行动目标	在2~3年内成为人力资源经理	在5年内成为公司人力资源总监

资料来源:Greenhaus J H, Callanan G A, & Godshalk V M. Career Management (3th Edition)[M], Sage, 2010.

二、职业目标设定的障碍

良好的职业生涯管理要通过测评来加深个体对自我和环境的认知,进而确定合适的目标、行动策略或行动方案(Greenhaus et al., 2010;周文霞,2004),如图5-1所示。但

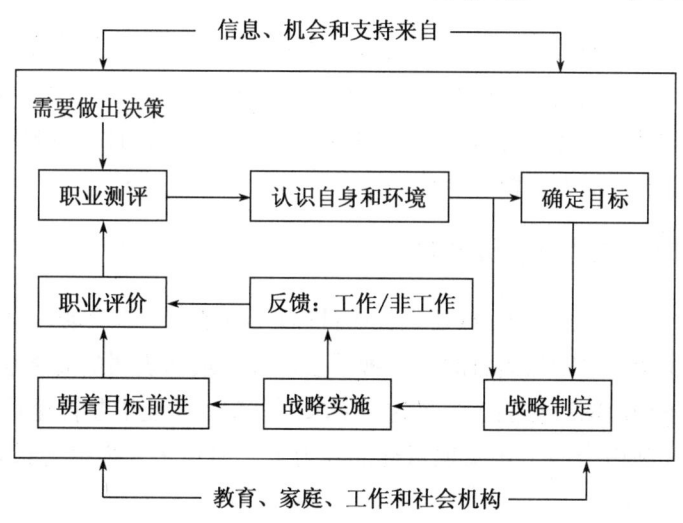

图5-1 职业生涯管理模型

资料来源:Greenhaus J H, Callanan G A, & Godshalk V M. Career Management (3th Edition)[M], Sage, 2010.

在制定职业生涯目标的过程中,每个人都可能遇到各种各样的障碍。下文将介绍有效地设定目标时可能遇到的障碍,以及克服这些障碍的建议(Greenhaus et al.,2010)。

1. 不合适的职业生涯目标

如果职业生涯目标不符合自己的需要和价值观,工作不符合自己的兴趣,不具备也不看重岗位优秀人才所需特质,那么即使职业目标实现了,对自己意义也不大。有的人制定职业目标似乎是为了取悦他人(父母、导师、配偶和上司)。他们很少关注自己的需要,而是依据他人喜好进行职业选择。长期来看,这样的目标即使实现了,也会令其感到沮丧,而不是成长与满足。

这种问题的解决方法包括两个方面。首先,人们必须把职业目标与自己的价值观、兴趣、才能和偏好的生活方式联系起来。自我评价方法可以帮助我们认识自己。写自传、价值观梳理、生活经历的分析都能把我们自己的能力、期望与他人、社会的期望区分开来。其次,人们必须意识到实现这些与个人特质相匹配的职业目标的重要性。在个人认知和基于此制定的职业生涯目标的指引下,持续采取积极的行动来实现目标。尽管这具有一定困难,有的人可能在实现目标的过程中产生自我怀疑,或者因为新兴岗位和行业而偏离方向,但只要提醒自己遵循个人特质、兴趣和价值观,坚持不懈,最终定会实现目标。因此,与家人、朋友以及同事探讨满足个人需要的重要性,获得社会支持就是成功的第一步。

2. 不考虑生活方式的职业生涯目标

很多人在制定职业生涯目标时忽视了它对自己生活可能的影响。只有遇到婚姻问题或个人悲剧时才意识到工作与个人生活之间的关系。很多人到了职业生涯中期才注意到工作职责与家庭或休闲活动之间的平衡。事实上,工作和生活在人生的各个阶段一直是相互影响的。

成功的职业生涯管理者能够很好地认知和处理工作与休闲时间的交互关系,并制定与自己向往的生活方式高度一致的职业生涯目标。平衡好工作上的挑战、收获和声望,与家庭、信仰、休闲和社区生活,也是做好职业生活规划的关键。因此,在制定职业生涯目标时要有意识地为所有生活方式留有余地。

3. 忽略当前工作的职业生涯目标

职业生涯目标(无论是短期目标还是长期目标)没有考虑工作变动。每一项特定的工作只是满足基本价值观(即概念目标)的一种手段。如果最初表明的是概念目标,那就可以仔细的审查一下当前的工作能否满足这些要求。成功的职业生涯管理通常是建立在对概念目标的理解和利用当前工作实现目标的能力上。但很多人把目光锁定在其他工作上,而忽视了当前工作。

4. 过于模糊的职业生涯目标

具体的目标通常比模糊的目标更有价值。因为具体的目标为我们指明了努力的方向,而且比模糊的目标更有效。目标越具体,实现目标的过程越容易追踪,获得的反馈就越多。对于职业生涯目标而言,具体的概念目标更容易转变为行动目标。然而,在很多情况下,制定一项具体的长期目标很难。一些人可能会模糊处之,制定出的职业生涯目标不够清晰具体。如果想判断目标是否足够具体,一个简单有效的方法是看它能否提供足够的信息来有效地指导自己的职业生涯规划。

5. 太容易或太难的职业生涯目标

内心的成功感对个人发展和职业满意度是十分重要的。完成有挑战且有意义的任务,内心就会感到成功。因此,如果职业目标太简单,就可能产生一种不真实的成就感。无论这个目标是针对当前的工作还是一项新的工作,它必须有足够的挑战性,这样实现这个目标才能体会到真正的成就感。

另一方面,太难的目标不太可能完成。无法完成一个渴望的目标会带来挫败感。有挑战的目标和实际上无法完成的目标之间是有一个界限的。识别这个界限需要员工具备洞察自己才能、发展新才能的能力,以及对工作机会和障碍的识别能力。

6. 不灵活的职业生涯目标

员工在树立职业生涯目标时往往会忽视灵活性。这是因为:首先,人们不会放弃已经投入了大量时间和精力的活动,而会继续坚持下去;其次,职业目标中包含的未来发展方向往往强调最终的结果,并把它作为一个不容置疑的客观事实;最后,因为改变对大多数人而言是一个艰难的过程,要让一个人重新审视自己的职业目标,并有可能改变他的职业方向,人们就会觉得这是个巨大的威胁。

然而,灵活的职业目标是有效职业生涯管理中重要的一部分。因为个人和工作环境都在不断变化。过去合适的工作目标,在当下或者未来可能不再合适。在如今风云变幻的经济社会中,制定一项具体的长期目标是很难的。几乎所有公司的就业情况都不再稳定,因此人们在设定或改变职业生涯目标时需要具备一定的灵活性。

三、择业犹豫

格林豪斯等人(2010)指出,虽然确定职业生涯目标是职业生涯管理的关键一步,但很多人往往犹豫不决,难以确定自己的目标。选择职业生涯目标被看作职业生涯管理过程中的最大任务,职业生涯决策中的犹豫不决就会影响职业生涯管理。但择业犹豫不总是有害的,正如择业果断也不一定总是合适的。

1. 择业犹豫的原因

择业犹豫的研究总结出个人无法做出职业选择的潜在原因,包括:
(1) 缺乏自我认知,是指个体对自身兴趣、优势、价值观和偏好的生活方式了解不足。
(2) 缺乏本组织内部的工作信息,是指对自己所在组织的工作机会或障碍了解不足。
(3) 缺乏外部工作环境的信息,是指对本组织以外的工作机会了解不足,包括其他职业、公司或行业。

（4）缺乏决断的信心，是指制定职业相关决策时缺乏自我保障能力。

（5）决策恐惧和焦虑，是指在制定职业生涯决策时由于恐惧和焦虑而无法做出正确决策。

（6）非工作性需求，是指个人的职业期望与工作外压力（如，家庭）之间的冲突。

（7）环境的约束，是指由于经济负担、年龄以及在当前职业方向投入时间对个人产生的约束。

通常，前三种原因与职业决策信息相关，可以通过职业测评来解决。而缺乏自信和决策恐惧与焦虑与更深层次的人格特质和心理状态相关。非工作性需求和环境的约束是与个人的职业选择和期望相关。

2. 择业犹豫的类型

研究表明，择业犹豫有两种类型，即发展性犹豫和久拖不决。发展性犹豫是由于缺乏知识和经验导致的，而久拖不决表现为长期无法做出职业决策。其中，表现出发展性犹豫的员工都比较年轻，他们缺乏组织内外部工作环境的信息，存在很多工作以外的需求。而久拖不决的员工要年长一些，他们缺乏自我认知，缺乏决断的信心，决策时更容易恐惧和焦虑，有更多的环境约束。

3. 择业犹豫的解决

解决择业犹豫的有效方法就是测评。每个人都应该通过职业测评来提高对自己和就业环境的认知。这可以帮助个体制定更现实的、与个人特质和偏好的工作环境相匹配的职业目标。只要不断认识自我和就业环境，发展性犹豫就是可以解决的。对于久拖不决的员工来说，积累更多的信息也是有帮助的，但可能无法完全克服择业犹豫问题。在这种情况下，员工可以尝试其他方式来解决高度决策恐惧、焦虑，以及环境限制带来的问题。比如职业生涯咨询，这种措施可以帮助员工减少决策压力和焦虑并提高自信心，解决久拖不决的情况；职业生涯研讨会或非正式的分享会也能起到类似的作用。

总之，要解决择业犹豫，需要让员工明白职业目标的选择没有优劣之分，只有适合与不适合。而且，这也视情况而定。由于缺乏足够的信息而产生的择业犹豫（即发展性犹豫）是可以理解的。但忽视个人真正的兴趣和才华而做出的职业选择会产生更严重的后果，不仅降低员工工作或职业满意度，也会对组织带来不利影响。在理想状态下，员工应该谨慎地对待每一项职业决策，即在充足的知识和认知的基础上制定自己的职业目标，降低择业犹豫。

第二节 职业生涯选择与决策

一、职业生涯选择模型

1. 社会信息加工金字塔模型

20世纪90年代初期,Sampson等人从信息加工的角度研究职业生涯选择并提出认知信息加工理论(Cognitive Information Processing,CIP)。该理论剖析了职业生涯问题解决和决策制定的过程,根据大脑如何接受、编码、存储和使用信息与知识,建立了信息加工金字塔模型,如图5-2所示。

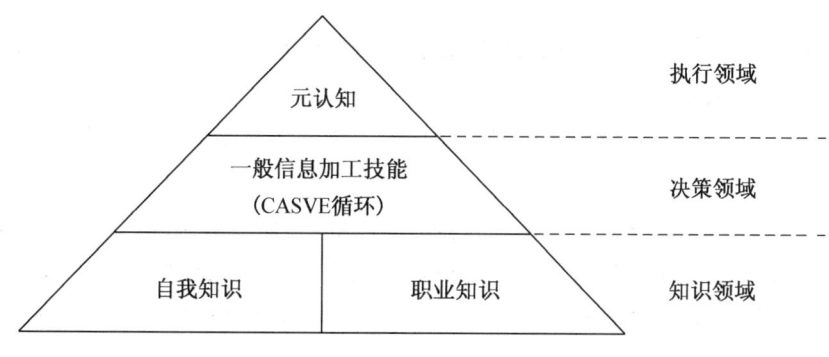

图5-2 信息加工金字塔模型

资料来源:姚裕群,曹大友.职业生涯管理[M].大连:东北财经大学出版社,2015.

位于塔底的知识领域包括自我知识和职业知识,它们是职业生涯管理的两块基石。其中,自我知识包括价值观、兴趣、技能和其他相关的个人特征。关于这部分知识的分析可以帮助决策者识别工作目标、适合的公司和目标岗位。职业知识包含某一行业、企业和岗位相关的知识及其分类方式。中间领域是决策领域,它包含问题解决和决策制定的过程,即CASVE循环。最顶层的领域是执行领域,涵盖自我谈话(Self-Talk),自我认知(Self-Awareness),监控与控制(Monitoring and Control)三部分。自我谈话是决策者对自己过去、现在以及未来从事某项工作能力的分析;有效的自我认知包括对思想、感受、行为之间交互作用的感知;监控与控制是指个体追踪(比如知道自己何时需要停下来寻找信息)并坚定地参与下一次问题解决和决策制定过程的能力(如对在这一过程中产生的带来困难的负面想法的控制能力)。

2. CASVE循环模型

CASVE循环是一个由沟通、分析、综合、评估和执行五个要素组成的循环过程,如图5-3所示。

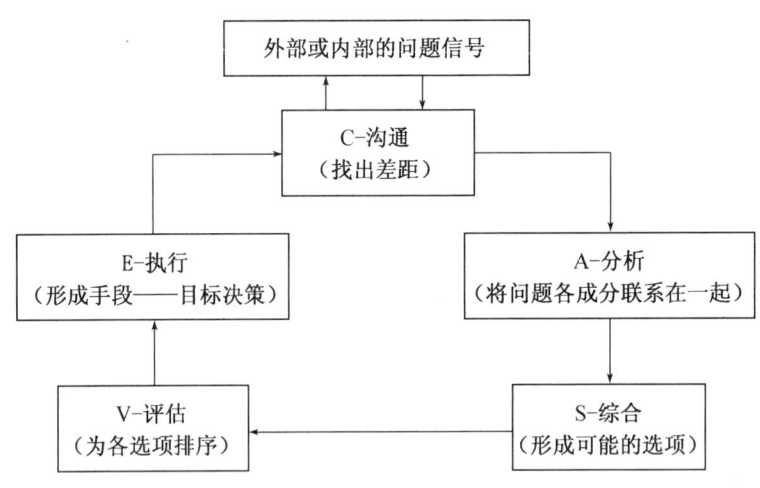

图 5-3 CASVE 循环

资料来源:姚裕群,曹大友.职业生涯管理[M].大连:东北财经大学出版社,2015.

在沟通阶段,决策者获得理想与现实存在差距的信息,这一信息主要通过决策者的自我认知、外部信息交流与思考获得。

在分析阶段,决策者通过深刻的自我剖析与职业生涯相关的知识了解产生上述差距或问题的原因。

在综合阶段,决策者整合上述信息,进而制定消除差距或解决问题的方案。这一阶段主要回答的问题是"我可以通过什么行动解决问题"。第一步要"综合细化",即搜索解决问题或缩小差距的各种可能方案;第二步要"综合具体",即根据分析阶段的成果为标准,选择几个合适的方案。

在评估阶段,决策者先评价上一阶段得到的每种方案对自己和他人(如父母、伴侣等)带来怎样的影响,再对这些方案进行排序。

在执行阶段,决策者要制定一项计划来落实评估阶段排名第一的行动方案。

CASVE 循环是一个不断重复的过程,执行阶段的计划开始时,决策者又要回到沟通阶段以确定自己的方案和计划能否解决问题或消除理想与现实之间的差距。

二、职业生涯选择方法

格林豪斯等人(2010)从自我认知、获取准确的职业信息、设定有效的职业目标和确定职业发展战略四个方面阐述了职业选择的有效方法。

1. 自我认知

自我认知是有效管理职业生涯的基石。如果不深入了解自己的才能、兴趣、价值观和偏好的生活方式,找到匹配工作的可能性就非常小。在第 3 章中,我们已经介绍了一些自我评价的工具。但在完成这些测评的过程中,可能会遇到一些障碍。

(1)片面测评。职业测评有时并不能提供充足的可用信息。尽管自我认知方面的信息很重要,但有的员工可能很少进行职业测评,或从未参加职业测评,造成认知不足。其原因主要有安于现状、无助和恐惧。

首先，员工可能安于现状。如果员工不假思索地接受自己的生活进程，就不会收集额外的信息。出现这种情况的原因是员工没有意识到职业生涯决策的重要性。他们往往不理解职业决策对未来的回报和职业满意度产生的影响。

其次，即使员工不是安于现状，但如果他们认为职业测评的结果无用武之地，也会弃之不顾。例如，研究发现，在组织中感知到有较少流动机会的管理者也很少参与职业测评。此外，那些认为自己生活控制能力不足的员工，也不太会认真对待职业测评。

最后，恐惧可能会降低人们参与职业测评的积极性。有的员工可能会担心职业测评无法提供有用的信息，为了避免这种挫败感，他们可能索性不再进行职业测评。那些缺乏自信的员工也可能因为害怕面对自己的不足而减少职业测评。即使参加了职业测评，为了获得安全感，有的员工也会选择提前终止职业测评。

职业生涯计划项目可以提供信息并帮助克服片面测评的问题。与有经验的职业生涯规划师交流可以为参与项目的员工提供如下帮助：

a. 意识到职业相关决策的重要性，以及对其工作、生活可能的影响。

b. 认识到他们可以在很大程度上控制自己的职业发展，因此认识到职业生涯测评的重要性。

c. 明白对不确定性感到恐惧是正常的。

（2）被迫测评。有的员工虽然参与了测评，但并非是主动的。尽管获得职业相关信息很重要，但强迫并不是促进测评的有效手段。来自上级、同事或朋友的压力虽说可以推动员工参与职业测评项目，但只有在内部动力驱动时，员工才能真正受益于职业测评，并做出改变。

（3）随意测评。这是一种并不聚焦，也没有结合过往测评结果而开展的一种职业生涯测评活动。有效的测评需要掌握一定技巧。通过课程或培训能帮助员工系统学习职业测评的方法。

（4）无效的职业测评方式。没有充分证据表明在某种情况下某种测评方式是最有效的。不同员工有不同情境、不同需求，一概而论可能导致所选测评方式无效。参与职业测评的员工可以根据自身情况选择合适的方式。比如，向职业顾问咨询，向家人请教，参加职业培训，寻找兼职工作，找专业机构，或者同时选择以上几种方式，都可能成为对自己有效的测评方式。

（5）防御式测评。在自我测评中，人们需要准确地建设性地推进测评活动来获取信息。但大多数情况下，高度紧张的人难以做出准确的自我测评。这种人在面对职业生涯决策时，只关注自己的紧张情绪而不是已经获得的信息。因此，对自己或自己的职业生涯感到担忧的人在面对威胁性信息时可能会产生防御性反应，从而忽视或者误解这些信息，导致被迫匆忙地做出决策或者完全不愿意决策。

这种问题的解决方法包括通过压力管理来刺激探索性行为，以及通过团队性的职业生涯规划培训来帮助人们减少职业生涯决策过程中的焦虑情绪。

（6）不考虑非工作要素。有效的职业生涯规划需要关注工作生活的各个部分。在工作中花费的时间和情感会影响员工家庭或生活的质量。工作、家庭、社区、休闲时间以及宗教活动都需要纳入职业规划的考虑范畴。

2. 获取准确的职业信息

缺乏岗位工作的经验、对岗位的刻板印象、对某些职业领域的不够了解都是导致职业信息不准确的因素。由于我们无法做到对所有岗位信息都了如指掌，那么岗位筛选就是必要的。对筛选出的岗位进行信息的全面收集，以作为职业选择的重要依据。咨询顾问也提供岗位信息，帮助有效筛选岗位。此外，了解自己偏好的工作环境也可以帮助员工缩小信息搜寻的范围。

3. 设定有效的目标

职业生涯管理的一个重要组成部分就是制定实际的、合适的职业目标。在职业选择过程中，职业目标是确定职业领域的重要依据。员工可设立长期和短期的概念目标，通过比对各种行动目标的适宜性和优劣势，最后确定岗位范畴。

4. 确定职业发展战略

一旦确定了职业目标，就需要确定实现目标所需的战略和行动。而战略选择需要考虑战略的有用性和个人的接受程度两个标准。同时，制定和实施职业战略时还需保持一定灵活性。即使目标不变，必要时某些战略或行动也需要适当调整。

三、职业生涯决策的类型

职业生涯决策可以分为草率型和慎重型。草率型的员工往往是在信息不充分的情况下就做出决策，或者是在压力或顾虑下匆忙做出决策。而慎重型的员工是在信息充分且压力或顾虑较低的情况下做出决策。而草率决策通常会产生不利结果，比如较低的工作满意度、较大的工作压力、较高的工作-家庭冲突等。

第三节 职业适应

职业适应指一个人进入职业角色，履行职业角色义务，行使职业角色权力，遵守职业角色规范的发展过程(姚裕群，2015)。一个人从学校步入职场或转换职业时会思考一系列问题：这份工作能给我一个机会吗？别人会认为我是一个有价值的员工吗？我能坚持自己的个性，并做到正直诚实吗？我能平衡工作与家庭的关系吗？我能学到本领成长起来吗？这里的工作环境有激励性且令人愉快吗？员工此时虽是组织的一名成员，但在心理上尚未融入这个组织，他们非常渴望被包容和认同。Greenhaus等人(2010)从社会化的角度分析了新入职员工的适应过程。

一、社会化

如同每个人在成长过程中学习社会的价值观和基本规范（如节俭、诚实、协作）一样，新员工也需要学习如何在组织内行事。所谓组织社会化，是指作为组织一员，根据自己的角色，接纳组织的价值观并习得相关能力、行为方式和知识的过程。

本质上，社会化是指个体从旧角色（比如大学生）转变为当前组织员工这个新角色的学习过程。设计精良的社会化和入职过程能对个体的动机、工作满意度、组织承诺有积极影响，进而提高个人和组织绩效，降低员工离职率。

而衡量社会化效果的因素主要有以下六个方面：

（1）业务熟练：通过学习，员工成功掌握工作相关任务的程度。

（2）人际关系程度：员工与组织内其他成员建立有效的人际关系的程度。

（3）政策：员工成功获取关于组织正式、非正式关系和权力结构的信息的程度。

（4）语言：员工掌握专业术语和组织特有缩略语、俚语以及行话的程度。

（5）组织目标和价值观：员工对组织目标和价值观的了解程度，包括非正式目标和非正式群体。

（6）历史：个体对组织的传统、习俗、传说、仪式以及重要成员的个人背景和工作历史的理解程度。

二、社会化的阶段

1. 初期社会化

入职者在进入组织前就已经开始社会化了。员工通过报刊、电视、上网搜索或与他人交流获得与职业相关的信息，并带着对职业生涯的预期来到组织，参加培训，参与工作。

2. 进入角色，面对现实

入职者进入组织后可能会发现组织的实际环境与期望有差距，遂会不断调整尽力适应。新员工入职后可积极学习公司文化与工作流程。这些学习过程可以是正式的，也可以是非正式的。非正式活动可以对正式学习予以补充，帮助员工从不同的视角了解企业、团队以及合作伙伴。

3. 调整和改变

适应公司的文化和工作方式是员工顺利完成工作的基础。新入职员工可以通过思考以下五个问题来引导自己顺利完成社会化或职业适应过程：我学会如何工作了吗？我融入工作团队了吗？我对本质角色认识的清楚吗？我学会如何在系统内工作了吗？我了解并接受组织的价值观吗？只有完成以上五个方面的调整与转变才有可能在组织中长期生存。

三、如何实现职业适应

研究发现,要成功实现职业适应,需要做好以下四个方面的准备。

1. 调整心理状态,适应职业发展

在职场中,很多心理问题会影响员工职业适应期的长短。做好以下几个方面有助于缩短适应期:

首先,要保持良好的心态。在职场中可能会遇到各种困难、挫折,也可能产生孤独、失落、自卑等心理。保持良好心态,积极调整自己的状态,以便更好地适应职场。

其次,要摆脱依赖心理。进入职场之后,每个员工都有特定的工作职责,需学会在工作中独当一面,尽量克服依赖他人的心理。

再次,要建立自信。刚刚步入职场的新员工经验较少,环境不够熟悉,在工作中难免会出现小错误。不要因此而气馁,要对自己有信心。多听多看,虚心求教,积累经验,在学习和探索中快速成长。

此外,要学会忍耐。初入职场,被轻视、做错事在所难免。新入职者需要有一定的耐心,一步一步做起,不断提升自己,为今后的职业发展奠定扎实的基础。

最后,保持理性。新入职的年轻员工容易理想化,对未来有憧憬,但这些"理想"可能是不现实的。新入职者应根据行业环境和组织情况调整自己的预期,更加理性地认识职场,认知自己。

2. 调整生理状态,适应工作环境

进入职场,很多员工都需要调整自己的生理状态来更好地适应工作节奏和工作环境。这不仅需要调整作息时间,适应工作节奏,还要关注自身健康,以强健的体魄和饱满的精神状态迎接职场中的困难和挑战。

3. 调整生活状态,适应岗位需要

步入职场后,很多生活习惯需要改变。需要将平时散漫的生活状态转变为紧密有序的工作状态。遵守公司作息时间安排、参与组织活动,以便快速地融入团队、融入组织,顺利地完成工作任务。

4. 完善能力结构,适应技能需求

职业适应是一个不断完善能力结构的过程。新入职者需要在工作中不断学习,提高胜任力。同时,还需树立创新意识,不断提升自己,适应时代需求。

四、工作-生活平衡

我们经常在工作和生活中听到"工作-生活平衡"一词。但是这个词通常会被很多人误解。工作-生活平衡并不意味着在这两者之间花费完全相同的时间,也不意味着一定要在这两者之间都表现出色或拥有满足感。而平衡是一种个体感受到的主观感觉。对一些人来说,这意味着高度投入获得的高绩效,然后对自己的工作和家庭生活感到满意,因为没有什么比这更重要了。而对其他人来说,致力于对家庭、社区的投入更为重要。因此工作-生活平衡由于每个人的价值观和优先级不同,对于每个人的意义也不同。

对于个人的职业生涯管理而言,Greenhaus 等人(2018)认为,我们需要了解工作-生活平衡中会常见的冲突,以及能够丰富工作-生活平衡的内容。

1. 工作-生活平衡中常见的冲突

(1) 基于时间的冲突

对于工作时间长、出差频繁、经常加班、工作日程不灵活、很少得到老板或同事支持的员工来说,基于时间的工作与生活冲突可能最为普遍。所有这些工作环境都会增加或固定不能用于家庭、社区或个人活动的工作时间。生活与工作冲突最多的员工往往有着广泛的家庭责任且很少得到家人或朋友的支持,或者在工作之外有其他广泛的承诺。所有这些压力都会增加花在家庭、社区或个人追求上的时间,这可能会干扰与工作相关的活动。

(2) 基于精神压力的冲突

对于在工作岗位上经历冲突,工作环境不断变化,从事重复性、枯燥的工作任务,或在工作场所几乎得不到支持的员工来说,基于压力的工作与生活冲突可能最为激烈。所有这些紧张的环境都会产生一种从工作到生活其他部分的"负面情绪外溢"。

(3) 基于行为的冲突

当人们进入不同的工作或者生活角色时,如果他们不能及时进行角色调整,他们很可能会在角色之间经历基于行为的冲突。员工在工作中表现出的行为风格(逻辑性、客观性、权力性和权威性)可能与家庭和朋友所期望的行为不一致。

2. 工作-生活平衡的途径

(1) 工具途径

工具性路径包括获取一个角色的资源,这些资源用于提高我们在另一个角色中的绩效和满意度。例如获取一项新的技能,或者通过新的视角去解决问题。个人还可以通过增强自信心,或者社会资本的积累让自己的工作-生活更加平衡。

(2) 情感途径

当人们在一个工作或者生活中的角色带着一种积极的情绪(如快乐、幸福、满足感),并从一个角色转移到另一个角色时,就会出现这种情感路径,并因此对后一个角色更加投入。通常情况下,那些高度专注于工作和家庭追求的人,以及在工作和工作之外从他人那里获得大量支持的人往往会感到高度的充实,并更好地实现这样的情感途径。

 **本章小结**

1. 职业生涯目标

分类　目标设定的障碍　择业犹豫

2. 职业生涯选择

有效选择职业的思路

3. 职业适应

职业适应的阶段与结果　职业适应的方法　工作-生活平衡

 **复习与思考**

有报道指出,当代大学生应当充分利用互联网资源进行各种职业测评,实现全方位的自我认知。同时跟随市场步伐,了解人力资源市场动态,获取最新的人力资源需求信息。通过已经工作的前辈了解他们的工作体会,获取真实的求职经验、求职感悟和工作体会。利用假期时间深入企业实习,了解各行各业职场的真实情况,寻找与自我职业价值观最匹配的行业与岗位。即将步入职场的大学生如何制定合适的职业目标?

 应用案例分析

许多成功的经理人与专业人士在职业生涯中期回到商学院进修,他们主要是在寻找方向,而非为了磨炼领导技能。许多人陷在自己职业生涯中动弹不得。他们在寻找方向与支持,期待在不久的将来能做出渴望已久的转变。但是,他们的人脉资源却不断把他们拖回过去,他们甚至没有意识到这一点。

在一次课堂讨论上,英国国际商学院的教授伊巴拉介绍了这样一个案例:我们分析一位杰出的功能性专家(Functional Expert,负责招聘、任用、训练、奖酬、考核等工作的人力资源主管)Harris(化名),他被送到一所顶尖的商学院学习综合管理课程,公司承诺在他完成学习后,让他负责公司盈亏管理。但这个诺言一直没有实现,Harris进退两难:他从心底厌烦目前这个"闭着眼睛都能做"的工作,但他必须对提供很多机会的公司和导师忠心。他并没有了解到,其实他目前所在职位对所有上司益处最大,但他因一直在做同样的工作而越来越沮丧:需要投入更多时间以交出超乎期望的成果,并在公司内寻求更多给他提供建议的人。

起初,学生们对Harris非常苛刻,认为他没有安全感、规避风险而且被动。他应该强硬地去谈判,不然就离职。他应该自知之明,所有的自省都干事无补。

是什么打破了僵局?性格内向的Harris最终没有顺其天性而行,而是把精力集中在建立"外部"关系上,以便能客观审视正在塑造他的产业的趋势,拓宽他对可能的职业选择的视野,会见像他那样设法脱离高度专业化领域的人,最终看到一个不同的自己,进而明白他的导师可能一直用不变的观点来看待自己。

大多数"Harris"们拥有丰富的人脉,但主要局限于企业内部的人。他们发现这些人脉在以下方面效果显著:交换与工作相关的信息,做好自己的本职工作(按传统定义),以及找到优秀人才组成团队。但是,这类业务上的人脉也会让人停滞不前:他们不会为不同的、未来的职位配备合适人才,因为他们本身并不跨出舒适领域。

资料来源:《哈佛商业评论》2013年12月23日《如何打破职业生涯僵局》

思考题:
1. 如何正确认识自身岗位在公司中的作用?
2. 如何顺利推动企业向自己承诺的职业生涯发展进程?

第六章 组织职业生涯管理

开篇故事

根据美国劳工局的数据,2017—2018年,29%的工资和薪金工人可以在家里做他们的主要工作,25%的人至少偶尔在家工作。15%的工薪阶层只在家工作过几天。亚洲人更有可能在家工作,占32%,而白人占26%,黑人或非裔美国人占18%。拉美裔或拉丁裔工人(13%)比非拉美裔工人(27%)更不可能在家工作。与此同时,57%的员工有一个灵活的时间表,允许他们改变开始和停止工作的时间。24%的工人有灵活的日程安排,也可以在家工作;33%的工人有灵活的日程安排,但不能在家工作。38%的工人不能在家工作,没有灵活的时间表。

美国劳工局的以上数据,直接显现了世界各地的企业正在不同程度地采用弹性工作安排。根据Rogier和Padgett(2004)的界定,弹性工作安排包括两方面:一是时间上安排上的弹性,即弹性时间(Flextime)——员工每天的工作开始和结束时间上拥有的弹性;二是工作地点的弹性,其中最典型的就是远程办公。弹性工作制度的出现主要是由于信息技术的高速发展和女性地位的提高,双职工家庭越来越多,他们需要面对源自家庭和工作的双重压力,而传统的固定工作时间和地点的工作制度和工作形式,已逐渐不能帮助员工实现工作与家庭的平衡需求。

实际上,源自工作与家庭的双重压力会使员工身心俱疲,这会降低员工的工作热情和实际绩效,进而对员工的职业晋升和组织的长远发展产生不利影响。因此在这一背景下你可以试着思考,组织应该采取哪些具体措施来保持员工对工作的热情?组织应该为员工的职业生涯发展做些什么,来促进组织和员工的共同发展?

第一节 组织职业生涯管理的意义

职业生涯管理主要包括两方面:一是由组织主动实施的职业生涯管理,简称组织职业生涯管理(Organizational Career Management);二是由个人主动进行的职业生涯管理,简称自我职业生涯管理(Individual Career Management)。上一章已对员工的自我职业生涯管理进行了介绍,本章将对组织职业生涯管理的相关内容展开阐述,剖析组织如何采取适当措施帮助员工做好职业生涯管理与开发工作,以实现组织和个人的同步发展。

一、组织职业生涯管理的内涵与产生背景

组织职业生涯管理是指在组织中以促进和推动员工职业发展为目的的管理实践（Baruch，1999），其包含了各种计划和干预措施，如个人评估、培训课程、辅导、轮岗等（Baruch，Peiperl，2000）。组织职业生涯管理是一种专门化的管理，即从组织角度对员工从事的职业和职业发展过程进行的一系列计划、组织、领导和控制活动，以实现组织目标和个人发展的有效结合（周文霞，2004）。它是由组织实施的一系列"对个体的职业发展产生有利影响"的管理活动构成，包含培训活动、指导评价、职业建议等，旨在开发员工潜力，帮助员工探索和实现个人职业目标，满足员工自我实现的需要（翁清雄、卞泽娟，2015）。综合主流研究成果，本书将组织职业生涯管理（Organizational Career Management，简称OCM）界定为：由组织实施的、旨在计划和管理其与员工职业生涯有关的活动，使员工和组织职业生涯需求相匹配，以开发员工的潜力、留住员工、实现组织和员工共同发展目标的动态过程。

职业生涯管理的研究最早起源于西方国家。20世纪60年代早期，西方国家的一些组织就开始了职业生涯管理方面的积极探索。美国心理学家马斯洛于1943年在《人类激励理论》一文中提出了需求层次理论，他将人类的需求从低到高按层次分为五种，即生理需求、安全需求、社交需求、尊重需求和自我实现需求。该理论认为当较低一级需求基本上得到满足之后，追求较高等级的需求就成为员工继续努力工作的主要动力。其中生理需求、安全需求和社交需求又被称为较低等级的需求，因为这些需求仅通过一定的外部条件就可以被满足。而尊重需求和自我实现需求被称为较高等级的需求，因为这两种需求必须通过某些内部因素才能实现。该理论强调，人们对尊重和自我实现这两种需求永远不会感到满足，即这些需求对员工具有持久的激励作用。到了20世纪六七十年代，欧美等一些国家的企业逐渐意识到员工在职业上的发展与进步，可以使他们获得职业上的满足感，而这种满足感对应于需求层次理论的较高等级的需求，因此职业上的发展与进步可以激励员工更加努力地工作。自此，一些企业开始有意识地帮助员工建立起在企业内部的发展目标，设计在企业内部的发展通道，并为员工提供实现目标过程中所需要的培训、轮岗和晋升等。这些企业希望能够建立一套机制，使员工可以在组织内部实现他们的个人目标，以期能够确保企业员工和管理团队的质量和长期发展。在这种情况下，职业生涯管理应运而生，而后不断发展，职业生涯的组织管理模式逐渐形成并完善。

国外职业生涯规划理论的研究时至今日已经比较成熟，其研究范围涉及职业选择理论、职业发展阶段理论、职业兴趣、家庭-工作的平衡等。研究主体也由单向变成双向。Baruch（2006）指出要将职业生涯管理的关注点放在个人和组织两方面，而不是仅仅从关注个人或组织这样极端的视角出发进行职业管理。和西方国家相比，我国人力资源管理的研究起步较晚，职业生涯管理也是20世纪90年代中期才从欧美国家传入。我国在组织职业生涯管理的理论和实践方面都还处在探索和发展阶段。尤其是对组织而言，如何为员工进行恰当的职业生涯规划和管理，成为当前很多企业人力资源管理的新兴课题。

二、组织职业生涯管理的意义

组织对员工职业生涯进行管理,会对员工的组织承诺、工作卷入度、工作绩效以及职业满意度等心理和行为产生积极的影响。这些有助于建立关系契约,从而帮助企业达到激励人才、留住人才的目的(龙立荣,2002)。组织职业生涯管理对组织和个人都具有十分重要的意义。

1. 对组织的重要意义

(1) 使员工与组织同步发展,以适应组织发展和变革的需要。组织支持理论指出,组织对员工的关心和重视是促使员工继续留在组织并实施有利于组织行为的重要原因。所以,当组织为员工的职业发展提供职业支持时,可以换来员工对组织的承诺和认同,进而促使员工产生对组织有利的行为,特别是有助于保留优秀员工。

(2) 减少组织填补职位空缺的时间。组织基于员工个人特点及公司的实际情况而对员工进行职业生涯管理。一旦出现岗位空缺,组织可以很快在内部寻求到合适的替代者,提升填补空缺职位的效率。

(3) 从组织内部选择的员工比外部招聘有着更高的组织适应性。组织通过对新入职员工的指导与培训,可以逐渐增强员工与组织工作的匹配感。这往往需要一定的时间及资本投入。所以,企业如果直接从内部选择合适的员工,则可以免去新员工的指导与培训过程,也可以缩短该员工对新岗位的适应时间。

(4) 可以增强员工对职业机会的识别,帮助员工明确自身的职业身份,有助于员工扮演好职业角色,从而可以更好地应对工作问题,进而有利于企业的稳步发展。

2. 对个人的重要意义

(1) 组织职业生涯管理,可以帮助员工认清自己,确立适合自己的职业目标,形成持续的发展动力,对员工的职业生涯发展具有促进作用。

(2) 通过组织的职业生涯管理,员工可以在组织中学到多种有益于自身发展的知识和能力,提高自身价值,从而有利于提升其在未来工作中的竞争力。

(3) 组织提供的职业支持与发展,有利于满足员工个人的归属需要、尊重需要和自我实现需要,进而提高其生活质量,增加工作和生活的满意度和幸福感。

第二节 组织职业生涯管理的原则

近半个世纪以来,组织环境发生了翻天覆地的变化,这给组织发展带来机遇的同时,也给员工的职业发展带来了挑战。比如,经济的快速发展使得传统的职业生涯发展机会越来越少,这在一定程度上降低员工的组织认同,提高了离职倾向。这些问题的产生使人们开始重视组织在个体职业生涯管理中的作用(李梦莹等,2014)。职业的成功不仅关系到个人,而且关系到组织。因为员工个人的成功最终可以促进组织的成功与发展(Judge et al.,1999)。探究职业的有效管理需要关注"谁负责"的问题(Baruch,2006)。在实践中,企业需要与员工共同努力,将员工的个体需求和组织需求进行匹配,从而更好地为员工的职业生涯管理提供组织支持与帮助,以此实现组织与员工共同进步与发展的目的。而企业要想达到这一双赢目标,需要遵循一定原则。

一、统筹规划原则

组织应将职业生涯管理视为企业人力资源管理的重要内容之一,贯穿于组织工作的整个过程中。组织可以将其纳入发展战略中,从战略高度来给予员工心理和行为上的支持,以此明确对员工职业发展的重视与关注。组织职业生涯管理的统筹规划具体可概括为横向统筹和纵向规划两个方面。

横向统筹原则表现为:组织职业生涯管理是以开发员工潜力,满足员工自我实现的需要,实现组织和个人的同步发展为目的。在这个过程中,组织自身、管理者和员工都是职业生涯规划与管理的必要参与者,应该相互协助,共同努力发挥各自的作用,以实现彼此的共同进步。

纵向规划原则表现为:组织职业生涯管理应包含组织实施的一系列贯穿于组织发展整个过程的管理活动,比如培训活动、指导评价、职业建议等。组织从招聘开始,一直到员工最终离开企业的整个阶段,都应该负责对其员工进行相应的职业生涯规划与管理,比如员工入职后的上岗培训、离开企业前的再就业指导或者临近退休人员的离职培训等。

二、公平公开原则

公平、公开体现了机会均等原则,这是个人和组织良好发展的必要前提。亚当斯的公平理论认为,当员工认为自己受到不公正待遇时,在心理上会产生苦恼和焦虑情绪。这会降低行为动机、工作效率。鉴于此,企业在职业生涯规划与管理过程中,应该为员工提供同样的信息、同等的培训、公平的任职和晋升机会,以此提高员工对组织的信赖,激励员工努力工作。同时,公平、公开也体现了组织程序和制度的透明公开。这会在一定程度上减少小道消息的传播,有利于形成良好的组织氛围。

三、发展创新原则

创新与发展是当今时代的重要议题。在组织环境日益变化的大背景下,组织有必要坚持发展创新的原则。职业生涯规划中的发展创新是指,在职业生涯管理的过程中制定有挑战性、发展性的新目标,并努力用新的思维和方法处理、解决常规问题和新问题。

发展原则是指组织需要对员工的职业生涯进行动态规划,要以促进员工的发展为目的,为员工制定适合的具有发展性的目标,并结合岗位实践提供与时俱进的培训与指导,使员工能够从容地应对未来变化。

创新原则是指在职业生涯规划过程中,组织要启发员工发挥自己的创造性。组织职业生涯管理并不是刻板地制定一套规章秩序,然后让员工循规蹈矩、按部就班地实行,而是要激发员工的发展潜力，以此达到自我实现和创造组织效益的双赢目的。

四、实事求是原则

实事求是原则主要是指组织既要尊重员工的个人特质，也要保证对员工的全面评价，以确保对员工的培训和发展规划是基于实际情况的。

具体而言，组织职业生涯管理应该注意两方面的内容。一方面，组织在员工职业生涯规划和管理的过程中，要充分考虑不同职业、岗位和专业之间的异同，要结合员工的性别、年龄、个性、价值观等实际情况，有针对性地为他们制定目标、发展路径，杜绝不切实际的职业生涯规划。另一方面，组织要对员工的职业生涯进行全过程和全方位的评价。人的发展会受外界环境影响，其个人的发展与成长是分阶段的，企业的发展任务也是分阶段的。因此，为了实现员工的职业发展状况与组织的职业生涯管理状况正确匹配，企业需要对员工进行全面评价（比如360度评价法），以确保对员工有着正确清晰的认知，从而更好地为其提供职业生涯支持与帮助。

五、时间坐标原则

时间坐标原则是强调在组织职业生涯管理过程中，对每一个目标都要设定两个时间坐标。一个时间坐标是指开始的时间，即什么时候开始为实现这个目标而采取行动；另一个时间坐标是指预期结果实现的时间。组织要对这两个时间坐标上的事件进行全程观察、设计、实施和调整，以保证职业生涯规划与管理活动的持续性。

六、协作运行原则

协作运行原则是指组织职业生涯管理的各项活动都要围绕组织和员工展开，双方通过共同协商、共同制定和共同实施，完成各项活动。

职业生涯并不能完全由个体或组织任何一方单独控制。组织职业生涯管理和个人职业生涯管理共同作用，是员工职业生涯成功的先决条件。所以组织职业生涯管理和个人职业生涯管理起着"共同责任"的作用。因此，组织和员工在职业生涯管理过程中的协作运行对于组织和个人的发展都具有重要意义。

七、利益整合原则

利益整合，即不同主体利益的有机结合。利益整合的过程就是组织与社会、组织与个人利益求同存异的过程。这不是片面要求组织或员工牺牲自身利益，而是通过沟通协商寻找有利于双方发展的结合点，从而实现共同进步。

利益整合原则即是要求组织在进行职业商业管理时需整合考虑与社会、个体共同的利益。企业在发展过程中争取自身利益的同时不能损害社会利益，否则企业势必会受到社会道德的谴责和法律的制裁，最终损害自身利益。而追求社会和组织利益的一致性，也是组织承担社会责任的重要表现。同时，组织不应该制定抹杀员工个性的职业生涯开发与管理战略。这不仅是对员工价值的尊重，也是组织以人为本的基本体现。当然，组织也不能因员工职业生涯成功标准的个性化而使组织职业生涯管理的工作失去战略方向。总之,组织要想获得职业生涯管理的成功,就必须找到组织和社会、组织和员工发展的平衡点。

第三节 组织职业生涯管理的内容

职业生涯管理(Organizational Career Management,简称OCM)主要包括:工作安排、工作空缺信息公布、职业规划、为员工安排职业导师、培训和发展等活动(Crabtree,1999)。一般而言,组织职业生涯管理是由组织实施的诸如培训、指导评价、职业建议等一系列旨在开发员工潜力,帮助员工探索和实现个人职业目标,满足员工自我实现和组织发展需要的管理活动(翁清雄等,2015)。

近年来人们对组织职业生涯管理的研究越来越多,本节结合前人研究基础对职业生涯管理进行阐述。

一、Baruch 的职业生涯管理模型

Baruch 和 Peiperl(2000)对组织职业生涯管理的实践模型进行了研究,综合概括出职业管理的17种实践。在此基础上,Baruch 和 Peiperl 根据复杂程度和投入程度,将组织职业生涯管理的实践活动归纳为五个类型(如图6-1),即:基础型(Basic)、主动规划型(Active Planning)、主动管理型(Active Management)、正式型(Formal)和多向型(Multi-directional)。每种类型包含不同的OCM实践活动。

(1)基础型(Basic),包括发布工作信息、提供职业生涯管理的正式教育、退休培训以及创造跨职能经验的横向调动。其中,发布工作信息和提供正式教育被认为是企业中使用最频繁的两项活动。以上四类活动被看作是组织需要应用的基本OCM实践。相对于新兴组织模式,这些活动更适用于旧的官僚组织模式。

(2)主动规划型(Active Planning),包括绩效评估、职业咨询和继任规划等活动。其中,职业咨询包括直接主管为下属提供的职业咨询和人力资源管理部门为员工提供的职业咨询。这些实践既展示了组织对个人职业生涯的积极投入,也涵盖了组织对未来工作需求的规划。在OCM过程中实施这类实践的公司,实质体现出对前瞻性人力资源管理系统的主动性。

(3)主动管理型(Active Management),包括评价中心为员工提供正式指导和开展职业生涯研讨会。这类实践会产生丰富的信息,可以实现双向传递。它们既是组织收集信息的过程,也是个人利用信息获得发展的过程。

(4)正式型(Formal),包括为员工制定个人职业生涯规划,为专业人员提供双重职业阶梯,制定职业问题手册和职业发展通道。这些实践是组织职业生涯管理的组成要素,组织借此构建一套正式的信息传递系统和员工展示自我的机会。

(5)多向型(Multi-Directional),包括同事评价和下级评价。这两个实践扩展了人们

在组织内获得反馈和发展的方向。单一的、自上而下的评价,已不能适应新兴组织模式。来自同事和下级的评价超越了传统官僚组织的垂直结构,可以为职业生涯管理提供更全面的信息。

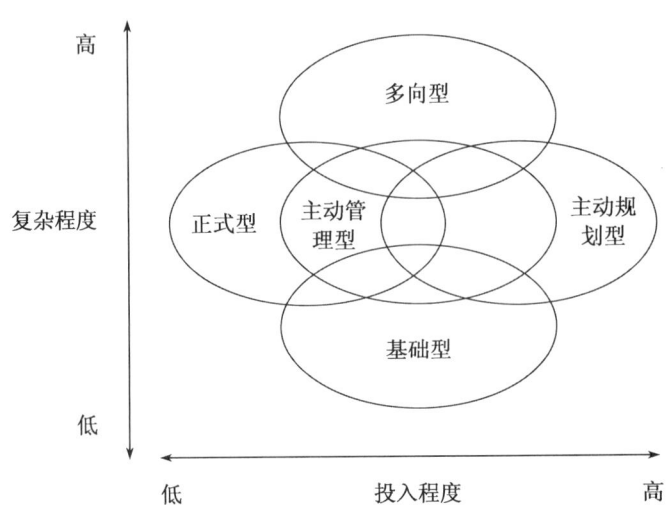

图6-1 Baruch and Peiperl (2000)的职业管理实践的二维模型

资料来源:Baruch Y, Peiperl M A. Career Management Practices:An Empirical Survey and Theoretical Implications. Human Resource Management,2000,39(4):347-366.

图6-2 Baruch and Peiperl (2000)的组织职业生涯管理实践

资料来源:Baruch Y, Peiperl M A. Career Management Practices:An Empirical Survey and Theoretical Implications. Human Resource Management,2000,39(4):347-366.

二、我国组织职业生涯管理的维度

近年来,国内外的一些研究者根据特定研究目的,对组织职业生涯管理的内涵和维度做了不同界定。我国学者龙立荣教授根据我国的基本国情及管理现状,结合国外的职业生涯管理实践,通过开放式问卷调查和访谈法,提炼出我国企业组织职业生涯管理的主要维度,包括晋升公平、职业发展信息和沟通、发展性培训和员工的自我认识。

（1）公平晋升。该维度指组织在提拔员工时,从多角度衡量员工的表现,包括工作业绩、工作能力、行为表现等,强调组织为员工提供公平竞争机会。

（2）职业发展信息和沟通。该维度指组织为员工提供晋升途径信息、职位空缺信息、任职资格条件等信息,并且还会配备有经验者予以指导。

（3）发展性培训。该维度指组织重视培训,鼓励员工参加在职培训,为员工股提供学历教育经费,进行定期或不定期培训,提供学习条件和材料等。

（4）员工的自我认识。该维度是指组织为员工职业发展所提供的支持性方案,比如帮助员工了解自己的职业性向,提供工作轮换机会以丰富自身经验,上级为员工提供工作反馈,组织帮助员工选择合适的职业发展道路等。

三、组织职业生涯管理的具体实践

组织职业生涯管理是在充分了解员工能力及需求的基础上,结合企业的发展目标,为员工制定职业生涯规划目标,设置职业发展通道和信息管理系统,开展培训,以帮助员工实现职业发展目标,增强员工成就感,最终实现组织和员工的共同发展。

1. 明确组织需求和员工需求,实现组织和员工发展目标的协调

施恩的职业锚理论指出,员工在组织中的实际工作实践对其未来职业发展和定位具有指导意义。在现实中,一个人可以同时拥有多个职业锚,这使得员工在未来职业发展道路上拥有更多的职业机会和选择(Laura Wils et al., 2010),同时也增加了组织在工作内容和岗位上的丰富性。

所以,组织在进行 OCM 的过程中,首先需要明确组织和员工的需求和目标。而组织和员工之间的协调、沟通,有利于组织和员工明确彼此的目标和现况,从而有利于实现组织和员工目标的协调一致,激发员工潜力,实现自身价值,帮助企业获得成功。

2. 明确职业生涯规划和管理的内容

霍兰德的人业互择理论强调了员工-职业匹配的重要性。他认为同样类型的员工应该从事同样类型的职业,因为只有这样员工才能充分发挥自身潜力,为组织创造更多的附加值,即达到了人与职业相互选择的良好状态。员工与职业的匹配理论主要回答了个体如何与职业匹配的问题。根据这一理论可知,要实现员工与职业的匹配,组织就需要根据员工的基本情况,进行职业生涯规划和管理。

组织的职业生涯规划是个体以自身和组织的共同发展需求为基础,综合考虑主客观

因素，制定职业目标和实现方法，并不断根据内外部环境的变化做出适时调整的过程。其内容主要包括员工的职业选择、树立员工的职业生涯目标（如人生目标、长期目标、短期目标等）、设计职业生涯路径、职业生涯发展战略（与员工的人生目标、长期目标相配套）和策略（与短期目标相配套）。

组织职业生涯管理（OCM）是组织帮助员工制定职业生涯规划和促进员工实现其职业发展目标的一系列行为过程。其内容包括：企业制定发展目标、政策、计划，提供职业信息、指导和咨询，定期提供员工绩效反馈，开展职业培训与开发，提供职业发展机会等。

3. 设立职业信息管理系统，对员工的职业生涯发展进行动态管理

企业要设立职业发展的数字化信息系统，以此确保对员工职业生涯发展过程进行实时动态管理。

职业信息管理系统是对员工个人特点、职业选择、职业规划、员工工作能力等信息进行登记，同时记录员工工作绩效的反馈、员工评价等信息，以此确定员工的职业发展阶段以及所需提供的培训或指导。

设置职业信息管理系统的优势有两点：一是便于企业对员工的职业生涯发展进行动态管理；二是有利于企业实现对员工职业发展的个性化管理。但是，它对资本投入、信息化程度要求较高。因此，不同规模、性质、信息化程度的企业，可根据实际情况建立适合的职业信息管理系统。

4. 设置员工职业发展通道

职业发展通道是个体在一个组织中所经历的一系列结构化的职位。它是 OCM 的重要内容之一，是组织为员工设计的自我认知、成长和晋升的管理方案，是员工在确定了自己的职业之后，可能要经历的发展方向和发展机会（周文霞，2004）。但职业发展通道不等于职业发展路径。后者指的是员工在其职业生涯过程中所累积的一系列工作经验，而前者是员工在组织中所经历的一系列结构化的职位。

传统的组织结构往往与"结构化""僵化"等词语相联系，"晋升"受组织结构影响，多为单向、线性的发展。而后随着组织扁平化趋势的发展、无边界组织的出现，员工的职业生涯发展方向较之前变得更加多样化。正如 Baruch(2004)所指，员工获得职业成功的途径不再单一，他们可以在"多向"的职业道路中获得发展。总结既有研究可知，目前员工的职业生涯发展通道主要分为如下五种类型：单通道、双通道、横向通道、网状通道和多通道发展模式（周文霞，2004；陈胜军，2013）。

（1）单通道模式

单通道是传统的职业生涯通道模式。它描绘的是组织中的员工在一个特定职位纵向晋升到更高的职位上，呈现出单一的金字塔式晋升路径。例如，基层管理者→部门主管→部门经理→副总经理→总经理。

这种模式一般以工作年限或工作经验作为晋升依据。前一个职位被作为下一个更高职位积累经验的必备过程。该模式具有简单、清晰、易于操作的优点，但是一般适用于职

能部门,而不太适用于技术部门。这种模式容易导致高水平技术员工的流失。

(2) 双通道模式

双通道模式也被称为双轨制。所谓"双轨",即管理通道和专业技术通道。该模式的产生主要有两个原因:一是组织结构越来越趋向于扁平化,企业的纵向晋升空间缩小,不能满足员工发展的需要;二是单通道模式会造成技术型人才的流失,或不具备管理才能的技术型员工得到提拔,造成员工与职位的不匹配。

实际上,双轨制只是在一定程度上拓宽了员工的发展空间,其仍然是纵向晋升路径。一旦员工确定自己的职业方向,其未来的发展仍然是遵循金字塔式的单向晋升路径。

(3) 多通道模式

多通道发展模式是双轨制的进一步发展。它不再是管理和专业技术的双重通道,而是包括管理、技术、业务以及其他的职级序列。这种模式可以使具有不同兴趣、特点和专长的员工都能根据自身情况,选择适合的发展道路,从而进一步拓宽发展空间,缓解单一纵向晋升职位不足的问题。

(4) 横向通道模式

横向通道模式,又称为水平通道模式,是指员工沿水平方向上的进一步发展,包括工作内容的多样化、工作范围的扩大化以及工作轮换等。由于企业为员工提供的纵向晋升空间有限,纵向职业发展通道模式逐渐不能适应扁平化的组织结构。而如果员工长期从事同样工作容易产生工作倦怠,从而降低工作效率。为解决这一问题,企业开始了横向职业生涯通道设计。

(5) 网状通道模式

网状通道模式也叫行为通道模式。它首先对组织内各个职位的行为需求进行分析,然后在此基础上进行职业发展通道的设计。该模式包括纵向的职务序列和横向的转换线路。其中,纵向的职务序列是指具有相同职业行为需求的工作岗位的集合(具有相同职业行为需求的工作岗位记为族);横向的转换线路就是以族为单位的职业生涯设计。在这种模式下,员工既可以实现在传统职业通道上的发展,也可以在族内进行横向的职业流动,从而进一步拓宽员工的发展空间。

网状通道模式对企业和员工都具有重要意义。对员工来说,首先,网状的职业发展设计丰富了员工的职业选择,员工可以根据自己的兴趣和特点选择横向或纵向发展;其次,这种设计也拓宽了员工的发展渠道,当纵向晋升遇到瓶颈时,员工可以适时选择横向发展,这有利于帮助员工开阔视野、积累经验、全面发展。对组织而言,网状的职业通道设计适合扁平化的组织结构,增加了组织的环境应变性。

施恩的职业锚理论强调员工的"锚"并不是唯一的,而一个人也可以同时拥有多个职业锚(Laura Wils et al.,2010)。仅采用传统的纵向晋升模式并不能充分发挥员工的潜能,也不利于企业为员工做出合适的职业生涯规划与管理。因此,企业应该结合组织结构、发展目标以及员工的需求等因素,设置合适的职业生涯发展通道,以实现OCM的最终目标。

5. 开展促进员工发展的培训

组织职业生涯管理辐射员工入职到员工离开的整个过程。为帮助员工实现发展目标，企业要为员工提供全过程的培训和指导，包括传统意义上的培训和组织所实施的人员开发活动（陈建武，2005）。传统意义上的培训主要包括知识、技能和态度等的基本培训，而人员开发活动则是为了实现员工职业生涯目标而开展的一系列培训活动。

（1）传统意义上的培训

a. 知识培训。员工进入某个企业之后，首先需要了解这个企业以及岗位的信息和知识。企业需要根据自身目标和发展战略，有计划、有组织、有规律地开展相应的知识培训活动，使员工了解企业的基本概况、规章制度、组织文化、发展战略、经营状况等组织信息，以及工作性质、工作职责和内容等岗位相关信息，便于员工日后正常开展工作。

b. 技能培训。技能培训的目的是为了让员工掌握工作所需要的各种相关技术和能力，一般包括工作所需的专业能力、认知能力、读写能力等。除此之外，企业也需培养员工的人际交往、决策、创新等其他能力。

c. 态度培训。除了知识和技能培训之外，企业也应该关注员工的心理活动，了解其对工作和企业的态度，采取适当的培训与指导，帮助员工适应组织文化和工作环境，提升其对工作和组织的忠诚。

（2）人员开发活动的培训

a. 岗前培训。这主要是针对新入职员工所进行的基础培训，包括公司的经营状况、行业现状等基本信息，岗位职责、工作内容等职位信息，安全知识、规章制度、绩效考核等人事管理政策相关内容。

b. 导师培训。这是组织为了帮助新入职员工更快适应工作环境，快速掌握工作所需的技能而进行的培训。组织一般会安排经验丰富、卓有成效的资深员工作为新入职员工的导师。新员工通过向导师学习，和导师沟通交流了解和掌握工作所需的技能和知识。

c. 专题讲座。组织以讲座的形式对员工进行专业性信息的输入。一般由资深的专业人士对企业项目进行专项分析，有目的、有针对性地对员工进行知识和能力的培训。

d. 工作-家庭平衡。工作-家庭之间的冲突是一种来自工作和家庭的角色压力在某些方面互不相容的冲突，这会对员工的生产效率、工作满意度等产生负面影响。因此，努力实现员工在工作和家庭之间的平衡是现代企业人力资源管理的重要议题。弹性工作制能有效降低家庭-工作冲突，从而降低工作压力、离职意向，提高工作满意度（刘永强、赵曙明，2008）。

e. 离、退休培训。包括再就业培训和退休培训。再就业培训是针对被辞退员工进行的、有利于其再就业的一系列活动，包括职业规划、提供再就业培训或者推荐合适的再就业机会等。退休培训是为了帮助即将退休的人员更好地适应退休后生活而展开的一系列活动，包括安排退休计划讨论会、试退休、提供心理辅导等。

四、增强员工成就感，实现组织和员工的共同发展

组织在职业生涯管理的过程中，不仅要关注员工的职业生涯发展，而且要了解员工的心理需求，比如及时对员工的表现给予评价反馈，以此来帮助员工正确认识自己；采取一定的激励措施，增强员工的成就感等，从而实现组织和员工的共同发展。

第四节 组织职业生涯管理的措施

我国学者龙立荣、方俐洛等人对 Gutteridge(1986) 的研究成果进行了总结归纳，他们认为根据组织职业生涯管理的目的可以提炼两种管理方法：一是组织对个人的职业生涯管理——OCM 的目的是促进员工的个人发展；二是组织水平的职业生涯管理——OCM 目的是促进员工个人和组织的共同发展。OCM 的目的不同，相应的方法也会有所不同。

一、组织对个人的职业生涯管理措施

以员工个人发展为目标的职业生涯管理的方法主要体现在以下两个方面。

1. 提供自我评估的工具和机会

具体方法有：

（1）职业生涯规划讨论会。员工通过参与讨论会，可加深对自己的认识，了解自己的优缺点、价值观、职业目标等相关信息。这为个人的发展提供方向，同时帮助员工掌握实现职业目标的策略和方法。

（2）提供职业生涯规划手册。手册是帮助员工认识自我、学习制定目标和实现职业目标的文字性资料，便于员工保留和及时查看，使员工学会制定自我职业规划。

（3）退休前讨论会。这主要是为即将退休的员工适应退休后的生活而进行的职业辅导。

2. 个别咨询

如果员工通过上述方法仍然存在一些解决不了的问题，组织可以向其提供个人咨询。个别咨询的实施办法有三种：一是经过人事部职员与员工讨论个人职业规划；二是通过直接主管帮助员工确定个人职业发展规划；三是向员工提供专业咨询帮助。有些公司会设置正式的咨询员帮助员工，而有些公司则会聘请专业咨询员予以帮助。

二、组织水平的职业生涯管理措施

组织与个人发展相结合的组织职业生涯管理方法主要有以下三种。

（1）发布内部劳动力市场信息。在提供职业信息方面，主要采取的方法是：公布工作空缺信息；介绍职业生涯通道；建立职业资源中心（兼作为资料和信息发布中心），内容涉

及公司概况、政策、职业生涯管理自我学习指南等。组织还可以设立技能档案来主动获取组织人力资源信息,档案主要记录员工的教育、工作经验、任职资格、曾获得的成就,还包括职业生涯目标的信息等内容。

(2) 设置潜能评价中心。评价难免存在偏差,如何科学诊断个人潜能就十分重要。为了客观评价个人潜能,组织常用的方法有如下几种:① 评价中心,用于确定管理者候选人,并为其职业生涯发展制定和设计培训内容;② 心理测验,运用心理学测验工具对个人职业潜能、兴趣、价值观等进行测查;③ 替换或继任计划,用于确定主要管理部门中管理者新老交替的合适人选。

(3) 实施发展项目。这是为使组织跟上时代步伐、使组织中的人员具备所需的竞争力而实施的人才培养措施,包括工作轮换、外部培训、参加有关学术或非学术的研讨会、管理开发或实行双重职业生涯计划(管理方向和专业方向)。

三、组织职业生涯管理的常见举措

结合既有研究成果,组织职业生涯管理有如下几种常见制度设计。

1. 继任计划

继任计划(Succession Planning),又称接班人计划,是公司确定关键岗位的后继人才,并对这些人才进行开发的整个过程。实行人才的继任计划,能为公司培养和储备关键的人才、防止因人才流失引起的公司经营的大波动等(黄波,凌文辁,2005)。

很多企业把继任计划作为企业战略的重要组成部分,并融入企业发展的远景规划之中,这是因为继任规划对企业的发展具有重要意义:① 可以确保企业拥有一批训练有素、经验丰富、善于自我激励的优秀人才接任重要岗位;② 可以有效调配公司现有资源及未来之需;③ 可以有助于保留组织的关键员工,以确保重要岗位有人继任;④ 可以帮助员工设定职业生涯发展道路,有助于公司吸引人才。

继任计划实施的关键在于:在成功提拔一个员工之前,要给予足够的培训,使其能够成功接任被安排的职位。组织要想有效实施继任计划,必须考虑以下几个方面:公司的长期发展方向是什么?在哪些领域和环节需要不断补充和发展高素质人才?哪些人是组织想重点培养以备未来之需?这些人应走怎样的职业生涯发展道路?这些职业发展道路是否适合这些人?

2. 导师计划

导师是指组织中富有经验的、生产率较高的资深员工,他们担负指导经验不足的员工的责任。导师计划对被指导者的职业生涯发展主要具有以下几方面的作用:① 提携,支持被指导者的职业生涯发展,并与之建立相关的联系;② 教练,教导被指导者相关事务,对他们的工作绩效和潜能提供积极和消极反馈;③ 保护,对工作和生活方面的问题给予支持,避免产生的不可挽回的错误。必要时,可以作为一个缓冲带;④ 布置挑战性的工作,为促进被指导者的成长和进步,指导完成有难度的工作以拓展他们的知识和技能;

⑤ 心理引导，指导关系还对员工的心理有一定的积极引导功能，有助于提高被指导者的心理资本。

运用导师计划进行职业生涯管理时应该注意以下几方面的问题：① 明确指导关系的时间段，不能太短。过短的时间不利于双方熟悉彼此，导致指导不足；② 适当考虑员工的需求。根据不同人的需求，可以配备资历高、同辈甚至下属作为导师；③ 克服指导关系的潜在困难，比如同事之间的竞争或利益问题、时间分配问题等；④ 建立导师薪酬体系，导师对被指导者进行指导需要在完成本职工作的基础上花费额外时间和精力。设置薪酬体系，对此进行激励，可以提高导师计划的实施效果。

3. 工作-家庭平衡计划

工作-家庭平衡计划是组织帮助员工正确认识和看待家庭同工作间的关系，调和职业与家庭之间的矛盾，缓解由于工作-家庭关系失衡而给员工造成压力的计划。该计划的内涵包括以下几点：① 作用途径是设计并实施组织支持策略；② 目标在于帮助员工树立对待工作-家庭关系的正确态度，提升调节工作-家庭冲突的技巧；③ 重点在于提高员工对工作和家庭的控制能力，使员工真正成为工作与家庭两个领域的中心参与者，减少工作-家庭冲突的可能性。

工作-家庭平衡计划策略主要有以下几种：① 组织价值观支持，组织通过让员工认同它的价值观，引导和塑造员工的态度和行为，为实施高绩效工作系统创造条件。员工只有真正认同了组织的价值观，才可能激发献身精神，为自己的职业生涯而努力；② 建立有利于实现信息共享的支持网络；③ 建立与员工个人职业发展相适应的支持薪酬体系；④ 弹性工作制，实施时间安排或地点安排上的弹性，典型的就是远程办公；⑤ 支持性服务，如对管理者进行培训、帮助解决孩子或父母的照料问题、育儿假等。

4. 职业生涯年度评审

职业生涯年度评审是落实组织职业生涯管理工作的重要措施。组织职业生涯年度评审可以采用360度评价法、关键事件法等，其可以达到以下目的：① 使员工发现自己的缺点，并努力改正；② 满足员工想要知道别人怎样看待他的工作的愿望；③ 使员工具有发言权，可以陈述自己的困难及需求；④ 消除组织内可能存在的误解等。

第五节　组织职业生涯管理的阶段

职业生涯纵向的动态发展在职业生涯领域中一直备受关注。随着人们对这一问题研究的增多，逐渐形成了内容丰富的职业生涯发展理论体系。其中，职业生涯阶段（Career Stage）理论则是一个重要分支。职业生涯发展阶段与人的生命周期密不可分，其本质上内在于人一生的发展之中（白艳莉，2010）。孔子就曾对人生的不同阶段进行过概括："吾十有五而志于学，三十而立，四十而不惑，五十而知天命，六十而耳顺，七十而从心所欲，不逾矩"。

支持职业生涯阶段理论的学者们普遍认为,个人的职业生涯是一个包含多个阶段的连续发展过程。它遵循一定的发展规律,体现为个人在其不同的职业发展阶段,会面对不同的职业问题,需要不同的职业经验和技能,相应地也会产生不同的心理需求和状态。但是,不同学者对职业生涯阶段的划分存在不同。比如萨柏(Donald E. Super)将职业生涯发展划分为 4 个不同阶段,D. Levinson(1986)将其划分为 6 个阶段,我国学者廖全文提出了"三三三"的职业发展理论。

尽管不同的学者提出的职业生涯阶段理论存在差异,但是他们均隐含着一些共同的基本假设——"发展规律",即个体的职业生涯经历会随着人生不同的阶段有着不同的变化和发展。正是由于这种"发展规律"的存在,作为职业生涯管理的重要主体之一,组织就需要根据员工职业生涯发展的不同阶段提供相应的职业生涯管理措施。以四阶段为例,本节将详细阐释各阶段的职业生涯管理重点。

一、职业探索阶段——初步的职业规划与顾问计划

职业探索阶段是指个体自参加工作到 25 岁左右的时间段。一般而言,当新员工进入一个新组织时,会经历三个阶段来完成社会化的过程,即前期社会化、碰撞、改变与习得阶段。

1. 前期社会化阶段

新员工由于刚刚进入组织,对内部信息了解较少。而员工和企业之间的心理契约主要形成于这个阶段。所以,双方在此时努力达成一致目标就非常必要。

2. 碰撞阶段

员工在前期的社会化中形成的对企业的期望可能会与其实际看到的组织现实相矛盾,从而产生现实冲突。而这种冲突程度取决于员工在前期社会化中形成的期望值的大小。如果员工的期望是不切实际的,这种现实冲突则会成为组织和员工之间心理契约的障碍,需要努力消除。

3. 改变与习得阶段

在该阶段时,新员工开始熟悉工作内容、工作要求,具备一定的应付能力。

整体而言,在职业探索阶段,员工探索性地选择自己的职业,试图通过不同的工作单位或工作内容等来确定自己喜欢、适合并有望长期从事的职业。这个时期的员工希望轮换工作来获得更多不同经验的愿望十分强烈。

因此,从组织的角度来说,在该阶段可以采取一些策略来帮助员工适应组织和工作,具体策略包括:

(1) 制定初步的职业生涯发展规划,帮助新员工准确地认识自己。

(2) 实施顾问计划。顾问计划实质就是导师计划,为新入员工提供工作和心理上的

支持和帮助,包括教导、引荐、训练和保护等工作指导,发挥榜样作用和心理支持等。

但是,要想成功实施顾问计划,需要具备四个关键要素:① 参与计划应当是自愿的,并且要适当地搭配顾问与被指导者;② 得到高层管理者的支持;③ 要对顾问进行培训;④ 对于那些搭配不当的或是完成了任务的顾问要有一个妥善的处理方式。

(3) 帮助员工寻找早期职业困境的解决办法。新入职员工可能会对他们最初的职业选择感到失望,陷入了早期职业困境中。原因主要有:① 最初的工作缺乏挑战性;② 过高的期望和最初日常事务性工作安排冲突所导致的不满情绪;③ 得到了不恰当的工作绩效评价等。

针对以上三种普遍性原因,有四种方法可帮助新员工解决早期职业困境问题:① 运用实际工作预览;② 尽可能安排具有一定挑战性的工作;③ 丰富工作任务来激励那些成长和成就需求较高的员工;④ 配备要求严格的上司指导新员工。

二、职业建立阶段——建立职业档案和个人申报制度

该阶段的个体大体在 25~35 岁左右。这个时期员工的主要问题是选定职业方向。一般而言,个体在 30 岁左右将面临生活转折,会重新审视他们的目标,并调整职业生涯规划。他们试图寻找到自己的一个席位,以期在职场上获得成功。

该阶段是许多人为成功努力的时期,也是一生中的高产时期。他们满怀追求和抱负。此时组织如果能准确把握处于该阶段的员工的特点,并对他们进行针对性的培训,提供必要的咨询与帮助,则可帮助员工处理好工作与生活的冲突,从而促进个人和组织绩效的提升。

1. 建立职业档案

建立"个人职业表现发展档案"是西方盛行的一种方法,帮助员工管理自己的职业发展。该档案的主要内容包括:

(1) 个人情况。包括姓名、年龄、学历、曾接受过的培训、工作经历等个人基本信息。

(2) 现在的工作情况。如现在的岗位、岗位职责、现有的目标计划、工作问题等。

(3) 未来发展规划。包括职业目标,即未来 3~5 年时间里,你准备在单位里做到什么位置?为了实现这一目标,你需要具备哪些条件?掌握哪些知识、技能和经验?为了获得这些知识经验等,你准备采取何种方式和行动?

该职业档案一式两份,一份自己保管,一份交给直接上司。上司会根据获得信息,和员工一起研究分析,并提出具体建议,帮助后续改进。这种方式对员工的职业发展有积极作用。

2. 建立个人申报制度

个人申报制度,就是把自己对工作的希望向公司人力资源部门申报。这种制度的建立和实施可以有效帮助员工表达他们对工作和职业的真实愿望和诉求。个人申报制度主要涉及担任现在职务的心情、对担任职务的希望以及对公司的其他要求三个方面。

员工把三项内容写好之后交给人力资源部门,人力资源部门的工作人员会对申报内容进行分析和研究,并结合员工的实际情况,分门别类地尽量满足其个人要求和愿望,为员工提供个性化的职业服务,帮助他们实现其职业价值和职业目标。

实行该制度时要注意,避免人力资源部门片面地对员工的主观愿望给予承诺。在让员工申报的同时,必须让他的直接上级考察员工的职业适应性,包括员工的业务知识、理解判断能力、记忆力、协调力、性格、积极性、组织能力等内容。然后把适应性调查结果与个人申报内容进行核对,以作为人力资源部门判断的依据,提高决策的客观性和有效性。

三、职业中期阶段——正确处理职业高原现象与平衡工作-家庭关系

该阶段是一个时间长、变化多、既有事业成功、又可能引发职业危机的敏感时期。这一阶段的年龄跨度一般是35~45岁,甚至到50岁。该阶段,员工不仅家庭责任重,而且职业任务繁忙,面临着职业和家庭的双重压力。人到中年,一方面年富力强,自我发展的需要仍很强烈;另一方面也会意识到职业机会随着年龄增长越来越受到限制,从而产生职业危机感。总之,这是一个充满机会和冲突的复杂阶段,尤其需要组织加强对该阶段员工职业生涯的有效管理。

员工在这一时期的职业目标已经确定下来。他们重视自己在职业上的成长与发展,但是这个过程也相应伴随着新的问题,主要表现在职业高原现象和工作与家庭关系的平衡两个方面。

1. 职业高原现象

职业生涯高原(Career Plateau)指的是个体在当前组织中职业生涯发展出现停滞的一种现象。即在职业生涯的某一阶段,个体进一步晋升、工作流动、承担更大或更多责任、学习新知识与新技能的可能性很小(王忠军,龙立荣等,2015)。而处于职业中期的员工往往有很大可能会面临职业通道越来越窄、发展机会越来越少的困境,这被称为职业高原现象。面对这种情况,员工通常采取两种应对措施。一种是积极面对并顺利通过这个阶段,而另一种是消极面对。消极面对的后果则是员工在职业成长方面会停滞不前。

虽然人们一直认为职业高原现象一般发生在职业中期,但随着现代企业组织结构扁平化趋势的日渐明显,组织所能提供给员工的纵向管理职位越来越少。加上劳动力市场人才的持续充足供给,使得职业高原现象越来越多地在组织中更低层级的年轻人中出现。

处于职业中期的员工往往具备较高的资历、较丰富的工作经验等,是对组织贡献巨大的中间阶层。组织有必要采取措施来保持这些员工对工作的热情和兴趣,避免因职业高原现象的存在而影响员工的工作积极性。具体来说,组织可以有如下举措:

(1)满足员工心理成就感以代替晋升,实现激励效果。组织可以为员工提供培训使他们在工作中更加得心应手,适时对员工绩效予以嘉奖等,提高他们的心理成就感和获得感。

(2)安排职位轮换。职位轮换是指把一个人安排到另一个工作岗位上,让其承担与前一个工作不尽相同的义务、职责和报酬。职位轮换可以使员工学到新知识和新技能,为

今后的晋升和职业发展奠定基础。组织通过职位轮换，可以让员工的工作变得丰富多彩，降低工作倦怠，提高工作兴趣和积极性。

（3）扩大现有工作内容。主要包括：安排执行特别的项目、变化角色、探索提高服务的新途径等。

组织通过类似以上的实践，可以有效帮助处于职业高原期的员工积极地应对各种不利局面，使他们对自己的工作和职业保持激情，也有利于他们真正发挥组织中坚力量的作用。

2. 工作-家庭关系的平衡

随着经济的快速发展，夫妻双方都工作的情况在世界各国越来越普遍。但这种双职工家庭模式会给人们带来很多新的压力，比如对孩子、父母的照料时间不够、工作与家庭日程安排上的冲突、家庭义务和工作责任的冲突等。

实际上，如果工作与家庭之间发生冲突，对员工的实际工作绩效会产生不利影响，尤其是对女性员工的影响更大。因此，为了更好地调动员工的工作积极性，保持员工对工作的热情，组织有必要制定工作-家庭平衡计划来帮助员工处理工作与家庭之间的冲突。该计划的策略主要有以下几种：

（1）弹性工作安排，主要包括两方面内容，一是时间安排上的弹性，即员工每天的工作开始和结束时间上拥有的弹性；二是工作地点的弹性，比如远程办公。

（2）建立有利于实现组织内信息共享的支持网。

（3）建立一个与员工个人职业发展相适应的支持薪酬体系，从而有针对性地帮助员工解决工作-家庭冲突问题。

（4）支持性服务，如对管理者进行培训、为员工提供子女日托、老人照料计划等支持性服务。

四、职业后期阶段——退休前期计划

这是职业生涯的最后阶段，从50岁左右直到退休。处于该阶段的大多数人对成就和发展的期望减弱，希望维持或保留自己目前的地位和成就，并开始投入做一些有意义的事情。研究表明，退休具有两面性，一方面，退休是员工职业生涯的顶点，意味着他们可以放松下来享受休闲时光；但另一方面，退休意味着他们要突然面对没有工作、无所事事的生活，可能会因此而感到失落。所以，对即将退休的员工，组织要注重帮助他们做好退休前的心理和工作准备，帮助他们顺利地实现向退休生活的过渡。

而随着老龄化社会的到来，组织中老年员工的比重也在不断提高。帮助老年员工做好职业晚期计划，提高他们的工作效率和积极性，对组织和员工都具有重要意义。一般来说，适合老年员工参与的工作主要有项目顾问、战略计划参谋、承担新员工导师等，这些工作都可以有效地发挥中老年员工的工作能力。

总的来说，为了帮助老年员工顺利地完成从工作到退休这一重要过渡，组织有必要推行一套专门的退休前期计划。该计划一般包括举办研讨会、讲座或是一对一的心理咨询等工作。但要注意的是,退休前期计划同样需要建立在组织对员工需求充分了解的基础之上。毕竟不同个体的性格、爱好、特点等差异会使得员工需求存在差异。所以,企业要针对不同的需求提供个性化的指导与服务。

本章小结

1. 基本概念

组织职业生涯管理(OCM)　职业生涯发展通道　工作岗位分析　继任计划　工作-家庭平衡计划

2. 组织职业生涯管理的原则

统筹规划　公平公开　发展创新　实事求是　时间坐标　协作运行　利益整合

3. 组织职业生涯管理的常见举措

继任计划　导师计划　工作-家庭平衡计划　职业生涯年度评审

复习与思考

1. 组织为什么要进行员工的职业生涯管理?
2. 组织职业生涯管理应遵循哪些原则?
3. 什么是职业生涯通道?一般来说职业生涯通道有哪几种模式?
4. 组织职业生涯管理包括哪些基本内容?
5. 组织职业生涯管理的方法和措施有哪些?比较常用的是哪几个?
6. 对于员工不同的职业生涯阶段,组织应该采取哪些措施帮助员工获得发展?

应用案例分析

2018年最佳雇主之一的百度将其招聘和培训新人的做法总结为:招最好的人,给最大的空间,看最后的结果,让优秀人才脱颖而出。

1. 招最好的人

公司招聘时采用的做法是尽量找到每一个职位需求的源头,通过这个渠道更加贴近候选人,最终会有一些个人能力及文化价值观上的综合考量。在试用期内每位百度的新员工都有一位配对的新人文化导师,导师会带领他们更快地融入百度"简单可依赖"的文化价值观中,同时也一些与公司文化不匹配的员工在转正时进行一票否决。针对90后员工,公司着重从价值观、能力素质、绩效管理和使命感这4个方面给他们设定要求以及安排相关培训,通过价值观管理帮助员工实现自我管理,即将企业价值观"写入"员工的思想,让员工的思考模式、行为方式与企业目标保持一致。百度确定的基本理念之一就是:以团队精神来实现共同目标。

2. 给最大的空间

百度为员工提供专业和管理双向职业发展道路,系统性地制定人才发展规划,这让每位员工都有权利选择自己合适的成长道路,合理地规划自己的成长路径。与此同时,百度有着一系列特色的人才培养方法:

(1) 小马拉大车。人的潜能很大,百度要用挑战性的工作,验证每个人的潜力。让一些能力、经验还没有达到这个岗位要求的员工去担当这个岗位的工作。如果他胜任了,就给予相应的晋升,以此形成一种激励机制。

(2) 传帮带。通过导师制度,帮助新人快速成长。

(3) 优秀的人才互相激励。你能走多远,取决于与谁同行,只有和优秀的人在一起,你才会变得更优秀。

(4) 内驱力。有理想、有追求的人能走得更远。公司会制定相应的人才标准和考核体系,对人才进行实时观察和多角度评估,同时委派一些具有挑战性的任务,考察他们的工作表现是否能够符合预期。

3. 看最后的结果

百度强调不唯KPI、引入DELTA(即增量,指员工对公司全年的贡献)的概念,采用先验和后验相结合的绩效考核方式,以对公司的贡献和价值来衡量员工的产出。百度每年都会对员工进行360度评估,查看他们在文化价值观上的表现,如果不符合公司所倡导的文化,或没有将自己的业务能力提升至更高的水平,是没有机会获得晋升、加薪以及更高奖励的。所以,文化价值观、胜任力和DELTA是百度突出促进差异化,让人才脱颖而出的3个维度。

公司会依据考核设置一个潜力股计划,如果某些员工成长非常迅速,超出公司大多数员工,就会被纳入潜力股名单。公司会为这批人才提供更多的发展资源、机会和空间。

为了让公司保持创新基因,打破部门壁垒,最大化发挥出员工积极性,百度设计了黑客马拉松(Hackthon)比赛。即员工有新的想法可以提出申请,说明你要做的事情以及希望达成的业务目标。公司会针对这些想法进行评估,如果觉得可行,会准许你组建一个10人小团队进行尝试。员工创新方面的参与度越高,给公司带来的商业利益越高,另外,参与的程度不同和参与度的差异也可以反映公司管理的有效性。

百度人力资源管理重新界定了人才的获取、培养以及激励机制,在制定人才的培训与发展计划方面卓有成效,极大地提升了公司的领导力。这既是百度人力资源管理的亮点,也可总结为百度入选最佳雇主的原因。

资料来源:《哈佛商业评论》2018年11月4日《百度:让人才脱颖而出》

思考题:

1. 百度采取了哪些职业生涯管理的措施?

2. 百度为员工提供的职业发展通道是什么?你认为有哪些优缺点?

3. 除了上述方法、措施外,结合百度目前发展情况,你认为百度还可以为员工的职业发展做些什么?

第三篇

职业生涯管理的新议题

第七章　新生代员工的职业生涯管理

 开篇故事

　　对于大多数人来说，工作是生活的一个重要方面。然而现在的许多新生代员工对于他们的人生还缺乏详细的规划。一项针对70后、80后和90后员工的调查揭示了这些员工关于职业生涯管理的区别。调查的问题包括：你小时候和你现在的职业理想是否有变化？你未来的职业理想是什么？你认为你要达到未来的职业理想，需要什么样的能力素质，并且你认为需要多久才能实现？你是会不断地换工作并找到你最终觉得舒适的行业/职业，还是会从一而终就在一个行业/职业？你认为你未来任职的组织应该为你提供什么样的职业发展规划路径？

　　一位70后的外企高管认为，一个人的职业理想是一个持续进化的过程，小时候对于职业的认知会随着工作经验而改变，将想要达到的和自身的特点去做一个结合。他的职业理想是持续地去改变能力范围内的世界，让明天比昨天更好一点。本质上来说，为了达成这样的目标，影响力的范围必须随着时间扩大才能有所改变，在表征上，也代表了更大的组织和更大的资源调配能力。下一个直观的目标是经营一个一年10个亿营业额的组织。要达到这个未来的理想，他觉得需要更多的专业知识和市场敏锐度。而且他会持续地因为挑战而转换工作，但是不会为了觉得舒适而转换工作。不过，他个人不觉得组织应该提供员工个人发展规划，但是必须让员工看到组织的发展规划。对工作三年内的员工，组织可以提供轮岗机会，让员工找出最适合发挥的工作，让员工在适合的岗位上与组织一起成长。

　　一位80后的外企高管认为，小时候大部分男孩子梦想都是很酷、很刺激的职业，长大了随着自己专业的发展和身边的圈子，最后还是进入了现在所属行业。他在这个行业做了14年，而且一直都在同一家公司，是因为喜欢这家公司的企业文化，既强调要持续成长又保证可以接纳每个员工的背景和职业发展道路。因此他希望可以在这家公司留下自己轨迹，他希望可以和更多的中国人才在这家跨国公司的舞台展示中国人的管理能力，把中国市场的很多成功经验带到更多的国家去，并且不断地帮助新人成长。他还认为要达到自己未来的职业理想，还需要全球领先的策略和领导力，尤其是如何管理新生代员工，以及跨国的海外管理经验。作为80后的高管，他认为在现在的公司和行业已经积累了很多人脉和资历，仍然可以不断地获得挑战和学到新东西，因此如果没有特殊情况他会从一而终。当然他很期待在未来能够多进行跨国合作，以及更多的海外管理机会。

　　一位90后的博士生认为，虽然她小时候的理想职业与现在的理想不一致，但是她会选择选择一份自己喜欢、能实现经济独立的工作。这份工作的工作模式不仅要让自己能够感受到工作的价值和意义、对自己的成长有所帮助,而且还需要对社会有所帮助。她认为,未来的职业无论从专业知识和技能,还是学习能力都会有较高的要求。但是如果最初选择的职业或者工作模式不具备自己喜欢的特征,就会考虑选择更换,直到找到自己觉得舒适的职业或者工作模式为止。她还认为,未来任职的单位在提供职业发展路径的时候应该弱化对资历和工龄的考察,加强以能力和潜力为导向进行员工的培训、晋升和薪酬激励。

第一节 新生代员工特征

随着代际传承,新生代的定义与外延也在不断发展变化。10年前,"新生代"(Millennial)员工指的是20世纪80—90年后出生的工作者(李燕萍等,2012)。与20世纪40—60年代婴儿潮(baby boomers)时代出生的工作者以及20世纪60—70年代出生的X(Generation X)时代工作者们相比,新生代员工的特质包括:独生子女、受家庭宠爱、时代变革、成长于改革开放年代、经历东西方文化的大冲突和大融和、教育程度高(Tapscott,2008)等。随着代际发展,当前新生代更多是指90—00年代出生的职场员工。

新生代员工所处的社会环境、教育环境、企业环境与20世纪六七十年代的员工存在差异。首先,在社会环境方面,新生代员工生长在和平稳定的时代,国家民主政治不断发展,法制建设不断完善,自由、民主、法治对新生代的价值观念有着深远影响。而且,改革开放以来,我国国民经济迅速发展,综合国力、国际地位不断提升,居民生活水平不断提高,新生代员工从老一辈关注基本物质需求的满足,转变为对更高层次的精神和自我发展需要的关注。其次,从文化方面来看,在"信息爆炸"的时代,新生代员工的价值观、世界观受到外来多样文化的冲击和影响。一方面他们更加注重彰显个性,追求个人独特性,强调个人意志,形成坚持个人信念或立场、不绝对依赖统一标准的行为风格;另一方面他们愿意独立思考,为自己设立目标,愿意及时更新与岗位工作相关的新知识和新技能;并且,新生代员工大多接受过高等教育和正规系统的学习,因此文化知识水平普遍较父辈和前辈更高,知识体系更加完善,视野更加开阔。最后,在企业环境方面,企业的外部竞争十分激烈,企业一方面需要压缩人力成本,包括延长劳动时间、压低劳动报酬;另一方面需要压缩管理成本,这对新生代员工世界观、人生观、价值观的形成也带来一定影响(中智咨询,2019)。

新生代员工不同于20世纪六七十年代的员工,他们不求生存,而求发展,自尊心强、自信、敢于挑战、个性、注重私人时间、不加班等都是新生代员工的职场表现(秦晓蕾、杨东涛,2010)。新生代员工在选择就业时对就业的工作环境也有一定的要求,他们崇尚自由、个人主义,具有自我实现的成就导向(徐华春等,2008);不喜欢受各种制度约束,喜欢按照自己的方式学习、工作和生活;他们对于敏感问题能进行独立和理性的思考,敢于提出自己的看法和见解;他们厌恶"厚黑学",反对论资排辈、走关系,不善于处理复杂的人际关系;他们关注过程和结果的公开、公平和公正,遇到不公平待遇时敢于提出反对意见,而不是屈服于权威和上级。新生代员工思想独立,追求民主,不盲目跟随,也不盲目服从于权威,有异议时会主动反馈。正因为新生代员工崇尚自由和民主,所以与父辈相比,他们的服从意识明显更弱,权威和管理者对他们的约束力也相对更弱(李军、刘学,2013)。

中国的新生代员工大多属于独生子女。他们是家庭的中心,从小无须与其他兄弟姐妹分享父母的关爱,因此拥有优越的生活条件。这使得新生代员工缺少吃苦耐劳的精神,自尊心强,不易接受批评与挫折。新生代员工的父母格外重视对他们的教育。因此这些员工大多拥有本科或本科以上的学历,文化水平较高,接受和学习新事物的能力相应也较强。由于生活在科技迅速发展的年代,新生代员工的生活已离不开科技产品。他们习惯于在网络上记录并与他人分享生活中的点滴,也习惯于在网络上寻找工作难题的解决方案。这无形中减少了和他人线下沟通交流的机会。在日常工作中,新生代员工的团队意识也较为薄弱,容易产生团队冲突。新生代员工特征总结见表7-1。

表7-1 新生代员工的特征

1. 自我意识高涨。
2. 崇尚自由、平等、多元化的价值观。
3. 强调现实需求。
4. 压力比较大,抗压能力弱。
5. 文化水平高,学习能力强。
6. 愿意表现自己,渴望被认可。
7. 缺乏自我定位。
8. 漠视职场文化。
9. 缺乏责任意识。

资料来源:孟华兴,赵现锋.新生代员工管理[M].北京:中国经济出版社,2014.

第二节 新生代员工职业生涯管理机遇与挑战

新生代员工有独特的个性特征,由此也决定了他们在职场中表现出独特的职业特征。深入分析这种特征,并且在激励过程中准确把握这种特征,是企业全面激发新生代员工"正能量"的基础,亦是新生员工职业管理的挑战。

一、自我成就意识强烈,职业生涯规划清晰度低

与20世纪六七十年代出生的员工不同,新生代员工在选择工作时并不将经济利益作为首要的考虑因素,也不看重工作的稳定程度。他们更注重自我发展和自我实现,个人成就意识强,职业期望高,也渴望得到培训和晋升的机会,希望获得管理人员对自己工作能

力的肯定和认可。尤其是对于来自农村的新生代员工，就业对他们而言是一个学习、改变自身命运、改善家庭环境和融入城市的过程。他们希望能够通过自己的职业发展在社会中获得一席之地，并以此实现向上的社会流动从而在城市定居下来。

总之，新生代员工看重以下两点：一是所在企业的发展前景；二是自己在本企业的发展前景。二者缺一不可，否则他们大多会选择离职。有研究表明，"80后"新员工的工作价值观主要是成就自我，实现价值。可以看出，他们更注重自我的发展，从事工作在很大程度上是为了发挥自己的专长和潜力，体现自我价值，希望得到社会的认可，有强烈的成就动机。这种强烈的自我成就意识，一方面让新生代员工充分发挥主观能动性，积极投身工作，努力提升自己的工作能力和综合素质；另一方面，强烈的自我实现需求加上社会阅历不足，形成他们低清晰度的职业生涯规划。他们缺乏长远打算，容易只顾眼下不考虑长远发展。在他们看来，哪里能够提供更好的学习机会，哪里有更好的发展前景，哪里能提供更好的晋升渠道，哪里更能提升他们自身的竞争力和激发他们的发展潜力，他们就更愿意去哪里。新生代员工处于职业生涯起步阶段，对职业生涯的发展认识还不够清晰，这对其职业生涯的管理带来一定挑战。

二、心理需求多元化

新生代员工成长环境的最大特点就是多元化，因此他们的职场心理需求也呈现出多元这一特点。首先，从家庭走入校门，从校门走入企业大门，他们从家庭的中心、学校的焦点转变为企业最底层的员工，往往是有心理落差的。这种心理落差让他们更需要得到关爱。他们从小在家中就是被关爱的对象，那么企业的关爱能让他们产生家一般的归属感。其次，新生代员工心理弹性小，承受压力、调适心理和控制情绪的能力较低。所以，工作中遇到困难时，如果能给他们提供支持和心理疏导，可帮助他们释放压力。第三，新生代员工关注自我心理感受，自尊程度高。他们工作不仅是为了赚钱，更是为了发挥自己的专长。他们推崇自我实现，讲求效率，注重实干，并强烈希望得到他人的认可。那么，领导和同事的认可和肯定能让他们更加积极自信。这为企业对其职业生涯的管理提供了方向。

三、等级观念淡化

受中国传统文化的影响，层级制度体现在中国的各种文化场中，职场文化中也有所体现。传统员工已经习惯等级区分、下属对上级无条件服从的模式。新生代员工却对这种等级制度发起了挑战。他们注重民主和自由，不迷信权威，不会无条件地服从管理。同时，对于工作制度和管理者的风格，他们也有自己独立的理解。他们敢于提出自己的看法甚至挑战权威。他们厌恶程序繁琐的决策过程，喜欢公司领导能快速、明确地做出决策。相对于注重约束和强调无私奉献的企业文化，他们更偏爱强调民主和谐的企业文化。这也为企业对新生代员工的职业生涯管理提供了启示。

四、可塑性强

新生代员工是职场中的新鲜血液。他们初入职场，却能很快适应新的环境，学会新的技能,创新能力强,具有很强可塑性。首先,因为成长在一个旧制度不断变革和新制度不断形成的时代,新生代员工接受新事物和适应新环境的能力很强,从小就具有竞争意识和主动适应的精神。他们对于新的工作环境并不抗拒并能很快融入其中。在激烈的职场竞争中,适者生存的规律早就被他们接受和适应。其次,伴随信息时代的发展,他们学习能力强,能熟练地运用信息技术进行各种信息的搜集整理。只要稍加培训,这些新生代员工就能很快投入工作。与受教育程度不高的传统员工相比,新生代员工凭借丰富的知识资本而具有更高的岗位适应力。此外,学习新的工作技能能进一步激发起他们的求知欲和进取心。通过不断学习,他们不断提升和成就自我。最后,他们创新能力强,凭借较强信息储备不断创新。喜欢挑战和讨厌一成不变的个性也促使他们接受新的工作理念和工作方法。这也为新生代员工的职业生涯管理提供了方向。

五、兼顾工作与生活的平衡

新生代员工看重工作与生活的平衡。他们不仅追求工作和生活实践的平衡,还追求工作与家庭、个人之间的平衡。弹性的工作制度、自由的组织氛围、和谐的同事关系、足够的尊重和认同能提升他们在工作中体验到的满足感,有利于促进其工作-家庭的平衡。新生代员工虽不希望工作占用业余时间,但一旦满足了其工作-生活平衡的需求,他们也乐意为企业积极付出甚至加班加点。对新生代员工而言,快乐工作和开心生活并不矛盾,工作是为了更好地生活。这给新生代员工职业生涯管理带来机遇的同时,也带来了挑战。

六、企业忠诚度低

统计数据表明,在企业的离职人群中新生代员工的比例更高,表明新生代员工对于企业的忠诚度较传统员工更低。他们在选择职业的时候会考虑自己的兴趣和特长,进入企业以后会考虑自己在企业的发展空间。这些因素一旦不符合需求,他们往往会选择离开去寻找更合适自己的职业。他们忠于自己的发展而不是忠于企业的发展。加上喜欢新鲜事物,他们的频繁跳槽与安于现状和追求稳定的传统型员工形成鲜明对比。一旦有更好的自我发展平台、自我实现的机会以及更大的发展空间,他们多半会毅然选择离开。越来越多的管理者已经意识到这一问题,如何对新生代员工进行有效的职业生涯规划和管理成为时代难题。

七、代际差异

此外,当新生代员工开始在工作中获得更多的自主权和授权时,新生代与非新生代员工之间的矛盾会越来越凸显。两个群体存在根本性脱节(Espinoza, Uklejia, 2016),主要体现在以下几点:

1. 心理需求差异

Ryan 和 Deci(2000)经过几十年对自我决定理论的研究发现,心理需求表现为三个维度:自主权、胜任力和与他人的关系,与员工成长、社交以及幸福感存在关联。自我决定理论中的心理需求不仅定义着一个人最基本的心理健康要素,还反映出个体成长和幸福感变化(Ryan,Deci,2001)。赵宜萱和徐云飞(2016)的研究显示,在心理需求满足方面,新生代员工与非新生代员工存在明显差异,而新生代员工的心理需求满足程度会影响他们的幸福感。

2. 认知差异

认知通常在沟通和人际关系中被忽略。而在工作中,误会或者误解感往往就是由人与人之间的认知差异所造成的。例如,新生代员工重视自主权,他们希望能够最大限度地掌控自己的人生,并且能够实现工作生活平衡。但是从管理者的角度而言,他们希望新生代员工遵循公司的规章制度,按照公司的工作流程办事。这样就可能会出现认知上的矛盾和冲突,从而影响管理效率。

3. 目标差异

目标的达成能够满足不同的需求,不同的目标也能产生不同的行为方式。外在目标(例如财富、外表、名声)与内在目标(例如社区意识、密切的关系、个人成长)对于个人的影响截然不同。赵宜萱和徐云飞(2016)的研究显示,新生代员工更加注重内在理想和目标的实现,这可能不同于管理者眼中对于新生代员工的刻板印象,从而造成双方目标定位的差异。

4. 成就方式差异

员工成就方式的识别能够帮助人力资源管理者预测员工的行为导向(Lipman-Blumen,1991)。赵宜萱等人(2019)发现,新生代员工在每一个成就方式的维度方面比非新生代员工分值更高,这说明新生代员工能够更加灵活地运用每一种成就方式以实现他们的目标。相比非新生代员工,新生代员工更加注重权力直接型和合作关系型成就方式。他们在关系类成就方式组合的分值越来越高,说明在新生代员工当中,单打独斗的目标完成方式已经成为过去时。

5. 态度差异

许多新生代员工对于职业的态度就是:"是金子就会发光的",总会有人认可和赏识。他们对于职业规划的态度不仅千变万化,而且是根据自己的目标主动求变。其职业态度被贴上"变化无常"(Protean Career Attitude)的标签。与被动的职业相比,变化无常的职业态度会让员工更加主动地去决定自己的职业发展(Volmer,Spurk,2010)。拥有变化无常的职业态度的员工能让他们对自己更加负责,并更好地选择自己的职业取向(Hall,Mirvis,1996)。对于新生代员工来说,他们这变化无常的职业态度主要源自价值观以及自身的职业需求。也正因此,不同代际的员工在职业规划上就存在显著差异。

第三节 新生代员工职业生涯管理对策

新生代员工的个性特征相较于20世纪六七十年代员工存在明显差异,所采用的管理方法则需做相应调整。在1992年之前国家统一分配工作,企业主要强调员工忠诚度。1992年之后实行劳动合同制度转变为雇佣关系,企业主要强调员工的敬业度、满意度。目前80、90后员工更关注幸福感,所以企业的管理者在管理新生代员工的过程中需要相应改变。

新生代员工的职业生涯发展有两个关键转换期。首先是从学生变为职场人。该时期的关键影响因素包括:团队积极向上的文化氛围、直线管理者或"师傅"对个人成长和发展的关注、从学生到职场的心态调整、职业发展的预期、思维方式与工作技能的有效性等。第二个关键转换期是从员工变为领导者。该时期的关键影响因素包括:工作理念的快速转变、工作中良好互动关系的建立、在不擅长的工作领域快速学习的能力、领导力的发展和塑造,以及组织在转换期给予关键的支持、帮助、纠正等。而新生代员工在入职后的工作状态呈现出显著的阶段特征。

(1)新任期(一般不少于半年):新员工适应新工作岗位的速度存在个体差异,适应不良的新员工可能被淘汰或难以获得职业发展;

(2)在岗期:新员工逐渐从工作中学习,不断提升自己的各项能力。有良好发展的新员工可以在工作步入正轨后逐渐做出业绩;

(3)提升期:一些新入职员工会进一步展现出向更高岗位发展的各项潜质,现有岗位的工作任务不再让其感到兴奋,他们需要新的挑战。

新生代员工在职场中关注工作自主权,能够自由协商他们的工作范围和内容,以及获得上级的认可(Espinoza,Uklejia,2016)。管理者则可据此设计激励措施、明确设定预期成果,以及定期建设性地评估他们的绩效以激励他们在工作中表现得更好。但重要的是,管理者需要给新生代员工更加清晰地规划职业生涯路径。

首先,在工作中给予新生代员工更多锻炼机会。研究发现,绝大多数新生代员工学习能力强,他们能够按照要求完成任务,也会在闲暇之余看书学习,甚至参加一些职业证书的考试来提升自己的竞争力。因此,企业若能给他们提供更多机会,比如轮岗或培训等能提升他们能力素质的机会,新生代员工有望能更好地发挥他们的特长,促进其职业生涯的成功。

其次,清楚地阐述企业内每一个职业发展通道的利弊。如图7-1所示,新生代员工从入职那一天起就应该被告知他们的职位在团队甚至在企业内部的作用以及价值。要让新生代员工清楚地感知到他们职位在企业内部的重要性。在主管对新生代员工阐述他们的职业发展通道时,也要将每一个晋升路径与企业的愿景、使命及团队的使命挂钩。

第三,企业需提供给新生代员工与组织高层沟通的机会。在与新生代员工访谈的过程中得知,许多新生代员工觉得企业高层管理者都高高在上,没有机会与他们进行交流。

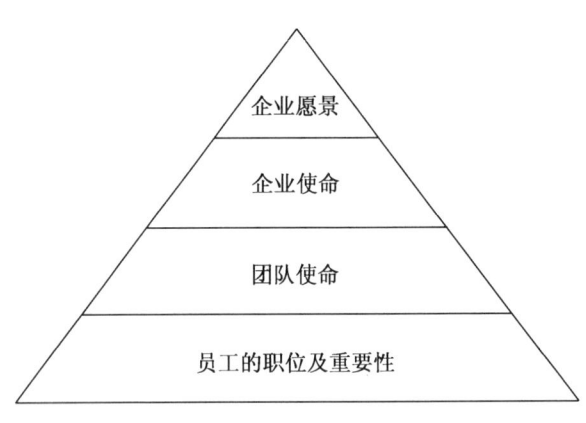

图 7-1　员工职位的定位

例如,一个新生代员工认为,部门领导需要他撰写一份报告,也没有告知报告的用途,以及阅读的对象。如果知道报告是给公司的运营主管阅读并需要汇报,也许这位员工会做得更好。企业需要鼓励新生代员工参与到日常管理中,并可以在企业内部设立不同的建言机制,让企业高管也能够直接看到新生代员工的建议。更何况,随着工作经验和能力的增加,新生代员工也更希望拥有更多展现"领导他人"的机会。但在传统的人才管理模式下,员工必须通过抓住极其有限的晋升机会才能获取激励内容,导致职业晋升通道狭窄,阻碍其成长发展。因此,企业应打破"成才=晋升"的固有逻辑,给予做出成绩的人更及时且多元的激励,包括赋予更大挑战、给予施展领导他人的舞台和荣誉等,树立"成才=做出成绩"的观念,从而鼓励新生代员工积极发展自我和担当重任,减少因发展瓶颈导致的人才流失问题的出现(中智咨询,2019)。

最后,不要阻止他们跳槽。根据智联招聘推出的一项调查显示,1980年出生的职场人将近八成都有过跳槽经历,其中两成的人表示自己换过两三次工作,还有一成的人表示自己曾经换过六份以上工作。新生代员工频繁跳槽可能是因为他们注重实现自我目标,不愿意为了企业目标而牺牲自身利益。LinkedIn 创始人里德·霍夫(Reid Hoffman)曾在《哈佛商业评论》的一篇文章中写道:"我会鼓励员工考虑外部的潜在就业机会,也会和他们分享自己的经历。我这样做是为了营造开放的沟通文化。通过进行开放的沟通,我就有了时间和机会来找方法留住他们。"此外,即使新生代员工选择跳槽,在加入新公司后有些员工可能会发现,工作情况不如预期,或者工作文化与自己不匹配。他们也许还会再一次选择换工作,而原来的企业可能会成为首选。

中国企业顺丰集团在管理"新生代员工"上有一些很好的成功经验。该企业通过"尊重"员工,以"包容"的理念,用"心"留"新"的方式,进行新生代员工的职业生涯管理。

顺丰集团属于劳动密集型行业,员工平均年龄为30岁,新生代员工占员工总人数的70%。这些正值"当打之年"的年轻人是顺丰口碑的缔造者和坚守者。他们中的大多数人为一线员工,虽然从事的是基础性工作,但每天需要面对不同的环境,与不同的人员打交道。无论是收派员、仓管员还是客服人员,都在自己的工作中承担着责任和压力。如何让"新生代"一线员工感受到工作中的乐趣?如何让他们对企业产生归属感?如何让他们感受到被认可、被重视,从而增强自信呢?解决这些问题是企业保留人才的关键。顺丰人力资源部肩负着这样的使命,将员工的需求同企业的战略统一起来,让员工的未来融入企业发展之中。而达到这一切的前提是"尊重"二字。"尊重、团结、认真、奉献"是顺丰集团的核心价值观。其中,"尊重"是被重点强调的一项内容。尊重客户、尊重每一件物品是顺丰发展所坚持的原则之一。企业高层深刻明白,员工是企业文化和企业形象的传递者,只有当他们自身体会到被尊重的感觉时,才会认同这种文化,将"尊重客户"根植于内心。因此,顺丰的人力资源策略正是基于"尊重"的理念而制定的,形成组织架构扁平化、福利平台特色化、员工上升通道多元化等具有特色的管理制度。并且尽最大可能地满足每一员工群体的诉求,使这种制度能不断得到完善。具体表现在以下3个方面:

1. "医食住教"的关爱

顺丰集团"新生代"员工人数庞大,从总体上来说,80、90后自身生活技能普遍不高,而许多人即将面临或正处于"成家立业"这一人生阶段,并且每一片区有为数不少的非本地人口,因此,解决自身和家庭的生活问题是许多年轻人面对的困境。在充分了解员工现实诉求之后,企业便在福利政策方面加大力度,凭借企业的力量全面解决员工,尤其是新生一代员工在"医食住教"方面的后顾之忧。医疗、食品、住房、教育是全社会所关注的民生热点,企业是社会的缩影,亦是员工进行社会活动的主要场所,那么企业应该成为保障员工生活的重要后盾。通过与政府、学校、医院等机构的合作,顺丰的"医食住教"全面展开:

医:在与顺丰合作的医院中,员工能通过绿色通道获取更多的医疗资源,更快进入看病程序。

食:顺丰设立的"员工之家"弹性福利平台,这一平台针对新生代员工喜欢自主选择、自主安排的特点,改变了以往福利统一发放形式,让员工自行选择福利内容,有机会实现"我的福利我做主"。"员工之家"与中国各大电商联合,这一平台上目前拥有上千种商品,只针对顺丰内部员工,并且保证质优价低。"员工之家"并非传统意义上的电商平台,它倡导的是一种"赢取"商品,而非单纯购买的理念,员工通过积分来换取自己喜爱的商品。积分(1积分等于1元)由以下几种形式获得:① 节日补贴;② 工作表现良好时的奖励;③ 相应金额的工资抵充(按照国家法律规定有金额上限)。"员工之家"的设立一方面为新生代员工提供了自主权;另外积分换物的方式,对他们亦具有激励作用。因为积分本身就是奖励和成就的象征,是互联网时代的产物,许多网络游戏正是通过给予年轻人不断闯关,获取分数和勋章的机会,来激发他们的成就感和自豪感。"员工之家"以积分换物,无形中促使年轻员工更投入工作,以获得更多的积分,从而为自身谋得获取更多福利。

住:新入职员工薪水相对不高,无力应对城市高房价、高房租,顺丰集团积极与政府沟通,为员工谋得更多住房支持(比如廉租房),让员工在城市中能有较好的安身之地。

教:顺丰总部与深圳福田区政府、教育局合作的教育基金项目,一方面为社会教育贡献顺丰的资源和力量;另一方面,希望通过支持深圳教育改革也为顺丰招募更多优秀的外聘人才。

"医食住教"几乎涵盖了员工生活的方方面面,切实保障员工基本的生活水平,能使他们更有尊严、更有自信地立足于社会。顺丰通过持续加大在"医食住教"方面的投入,让他们在工作的同时收获幸福生活。

2. 活动多样让员工参与管理

新生代员工生长于信息爆炸时代,他们获取信息渠道多,发表个人观点、抒发个人见解是他们的习惯。因此,在企业管理中,提高他们的参与度,让他们充分"发声"是体现尊重员工的一种良好方式。对于顺丰来说,"一线新生代员工"已在数量上成为企业的员工主体,他们对管理的期许,是企业未来管理趋势的主要参考指标。在企业内部,除了传统的投诉渠道,顺丰集团更通过推动各种项目,吸引员工积极参与,让企业管理中出现更多"员工之声"。

顺丰集团内部设立三个投诉渠道:顺丰BBS、总裁邮件、致电审计监察部。这些投诉渠道不仅起到规范员工、管理者行为的作用,更能让企业高层获知基层员工对企业管理者的期待,从而能帮助管理者更好地实践"尊重"文化,完善企业的管理。

一线管理者的"三六九":这是针对一线管理者的行为规范监督项目。"三六九"指的是对一线管理者的行为要求,是企业人力资源部与员工共同制定的。"三六九"行为准则贴在每个分点部的工作区域内,让一线员工实时监督、及时监督,让一线管理者能更好、更规范地实施自己的管理。

"微·创新":此项目依托顺丰BBS平台开展。以"改变周围一点点"为主题,希望员工们都能在"改变企业"上大胆提出自己的创意。每位顺丰员工都能根据自身对企业运行、企业环境、企业管理等方面的观察,提出改善的方案,甚至是提出全新的项目。企业定期对员工提出的方案进行评选,给予优秀的、确实能帮助企业的方案奖励,并由人力资源本部推动此方案实施。比如,某员工提出项目"与高管午餐",希望通过定期组织员工与高管进行午餐,让高管能认识更多基层员工,倾听员工的心声,员工亦能有一个更透明、更直接的平台述说自己的想法。"与高管午餐"项目通过评选,已获评当年优秀提案,被企业采纳、实施。

不同形式的活动有很多,其宗旨是推动新生代员工主动参与企业管理。其实这不仅表达了企业对员工的尊重,企业更希望能通过这些活动强化他们参与管理的意识。因为顺丰相信,不久的将来,这些"新生一代"一定会成为企业真正的管理者,提前建立管理意识,实践管理活动,也是企业对他们的信心和期待。

3. 成长通道助力员工梦想

在顺丰集团,大部分高管都是由内部竞聘而上任的。一线员工成长为点部主管的占了90%以上,成为分部经理的达到90%,成为高级经理的有70%左右,成为总监的占了60%~70%,甚至还有达到更高层级的。

首先,顺丰强调内部人才培养,并为此设置了配套的机制,为人才发展保驾护航。在每一个管理(从点部主管到总监)层级,企业都设立了储备干部培训课程,每一位员工都可以报名参与。相应的,每一个管理者在被任用之前,都要接受培训,通过了培训之后,再进入内部竞聘阶段,符合要求的都可以被任用、提拔。

其次,顺丰鼓励有能力的员工积极挑战自我,迈向更高职级,尤其是年轻员工,企业为他们提供了自我发展的舞台——"快速成长计划"。只要绩效和个人能力达到企业要求,员工便能进入"快速通道",企业给予他们更好的管理实践机会,比如担任副总裁、总经理秘书职位,通过与高管共同工作,能加快他们的能力提升,比其他员工更早地掌握团队领导的角色、更早地成为团队管理者。

最后,对于一些非常优秀、但目前无相关层级管理经验的员工,顺丰采取"代理"的方式对他们进行培养。比如,某员工符合主管的级别要求,但目前并无管理经验,企业将给予他"代理主管"的职级,所得到的待遇与主管相同。在此期间,他可以先进行主管角色的实践,半年之后企业将对此员工进行评估,评估合格即转正为主管。

以上人才发展措施都是顺丰针对内部员工而专门设立的。同时,企业还创建了顺丰大学来保障员工全面的能力发展。每一位加入顺丰的员工,企业都重视他们的梦想,即使短期内无法立即实现,顺丰也希望借助自己的平台,让他们找到努力的方向,帮助他们永远不丢失梦想,拥有为梦想奋斗的信心。特别是新生代一线人员,尽管职位起点低,但是只要勤奋、努力、正直,相信他们一定会在顺丰拥有比别人更大的上升空间。

本章小结

1. 新生代员工的特征

自我意识高涨　崇尚自由、平等、多元化的价值观　强调现实需求　压力比较大　抗压能力弱　文化水平高,学习能力强　愿意表现自己　渴望被认可　缺乏自我定位　漠视职场文化　缺乏责任意识

2. 新生代员工的职业特征

自我成就意识强烈　职业生涯规划清晰度低　心理需求多元化　等级关系淡化　可塑性强　兼顾工作与生活的平衡　企业忠诚度低

3. 管理者与新生代员工之间矛盾和差异

心理需求差异　认知差异　目标差异　成就方式差异

4. 新生代员工职业生涯管理对策

在工作中给予新生代员工更多锻炼的机会　清楚地阐述企业内每一个职业发展通道的利弊　企业需提供给新生代员工与组织高层沟通的机会　不要阻止他们跳槽

5. 新生代员工职业生涯管理对策——以顺丰集团为例

"医食住教"的关爱　活动多样让员工参与管理　成长通道助力员工梦想

你能列举出00后的个性与工作特征吗?

最早的00后已经20岁了,即将踏入社会。每一代人都有自己专属标签,80后被认为"丧",90后被说"佛系",00后被认为是很宅且没有什么欲望的一代。00后没有经历过物质匮乏的时代,他们的视野、教育、知识、经历、审美远远比上一时代、再上一个时代要强得多。当然,00后与其他年代的人比也有很多东西是不变的,例如,他们拥有自己的独立思想,独立的判断能力,他们对于知识的吸收效率也是极高的。因此,在与00后的相处中,第一是要找到不变的东西,尽量做确定性的变化;第二是要有足够的尊重。除了尊重之外,喜欢晒、喜欢分享的00后也需要一些肯定与引领。

应用案例分析

2016年6月,3M在美国高中生协会发起的年度职业调查中,被评选为2016年度千禧一代最向往的公司,这不仅彰显了它在新生代员工中雇主品牌的影响力,更意味着在未来的创新活力。在2016中国年度最佳雇主评选活动中,3M毫无悬念地再次入选百强,在更为强调价值观趋同、雇佣关系亲密与赋权结构的今天,3M的创新秘方是如何继续走红的?被涂鸦改变的"羊群""新思想"加上"能够带来改进或利润的行动"——3M对创新理解醒目而直观,并将创新分为三个阶段:涂鸦式创新、设计式创新和指导下创新。据3M大中华区招聘负责人黄慧向《哈佛商业评论》中文版介绍,3M在组织结构上,采取了不断分化出新分部的分散经营形式,此举打破了传统的矩阵型组织结构。"组织新事业开拓组或项目工作组,人员来自各个专业,且全是自愿的,公司提供经营保证和按酬创新,只要谁有新主意,他可以在公司任何一个分部求助资金。新产品搞出来了,不仅是薪金的提高,还包括职位的晋升。"在他看来,创新小组的存在是3M取得成功的重中之重。在这样的土壤中,基本不会再有员工选择继续做一只逆来顺受"羊",他们的奇思妙想层出不穷,无数的创新方案提交上来。更关键的是,企业给予了足够的支持:"公司每年会将近6%的年销售额用于产品研究和开发,采用这样的方式去鼓励创新。"黄慧介绍称。

"去年3M在中国的员工主动离职率仅为3.5%,而业界这一指标的平均水平高达22%。"黄慧对此颇为自豪,他向《哈佛商业评论》中文版进一步解释道:"员工跳槽,一般都是为了寻找更好的发展机会。那么如果本公司内部就可以提供这样的机会,他就不会走。"

资料来源:自《哈佛商业评论》2018年10月30日《3M:做千禧一代最向往的百年企业》

思考题:

1. 为什么3M可以在对待新生代员工管理方面这么有弹性?
2. 3M鼓励他们的新生代员工应该具备什么样的能力素质?
3. 在3M工作的新生代员工应该可以获得哪些晋升通道的选择?

第八章 年长员工的职业生涯管理

 开篇故事

随着中国人口老龄化程度的持续加深和出生率的不断下降,中国人口红利逐渐削弱。根据国家统计局数据显示,2018年人口出生率达到1949年以来历史最低值,60周岁及以上人口占比双创新高。中国已经站在了"刘易斯拐点"上,未来整体上,中国劳动力人口总量和劳动参与率将持续下降,企业劳动力也将进一步向老龄化的趋势发展。

新旧交替是发展规律,企业要想发展,就要不断地汲取新鲜的血液,吸纳一些年轻的人才,这样在无形之中就给年长的员工带来了压力。时代的迅速发展,让年长员工与现代社会有些脱节,对于接触新鲜事物的能力也弱一些。所以在企业中有很多的年长员工会主动选择退居二线,继续发挥一定的作用。

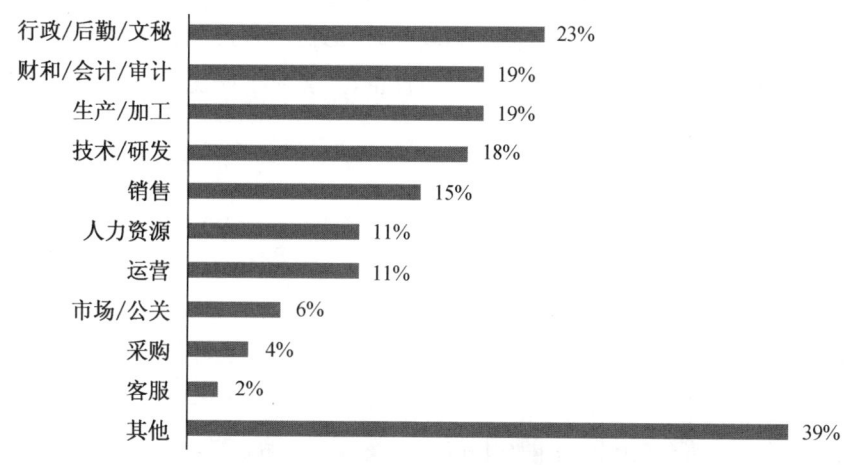

图 8-1 年长员工在企业从事的岗位情况

在智联招聘《2019企业劳动力老龄化趋势调研》报告中,调查总体数据显示,企业年长员工从事行政、后勤、文秘岗位比例最高为23%,财务、会计、审计和生产、加工岗位占比均为19%,并列第二位,技术岗位紧随其后,占比18%。显示出多数企业年长员工步入老龄化阶段后多从事保障和监督岗位,承担工作强度和压力较小的工作。

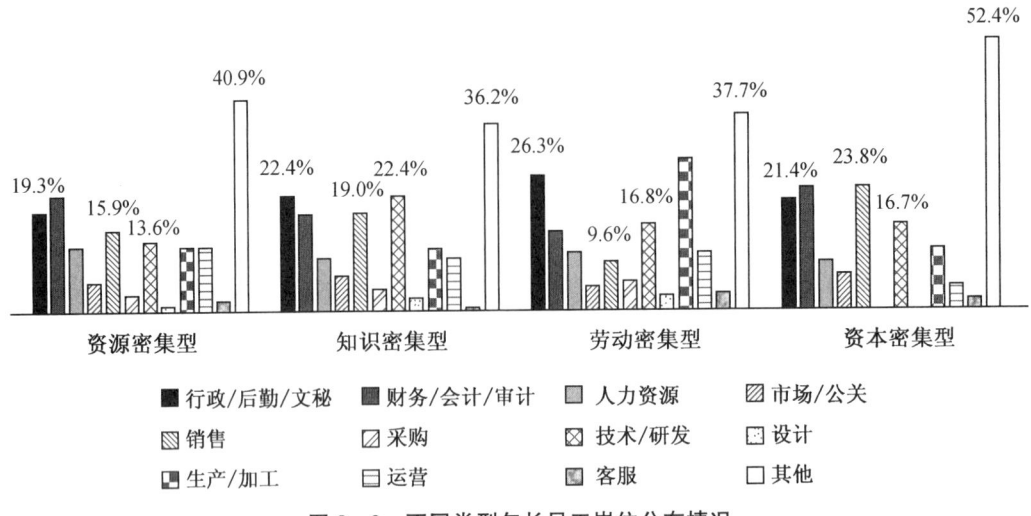

图 8-2 不同类型年长员工岗位分布情况

劳动密集型企业可以容纳较多职工,行业门槛和企业运营成本也相对较低。在资源密集型企业、知识密集型企业和资本密集型企业中,年长员工主要从事行政类岗位和财务审计岗位,但在劳动密集型企业中年长员工从事生产、加工岗位比例最大。该结果一方面反映出劳动密集型企业的员工老龄化趋势,另一方面表明劳动密集型企业中,年长劳动力平均受教育水平低,技能型劳动力少,多从事技术含量低的工作。

在优秀的企业中,年长员工是不会受到歧视的,他们的作用也会得到有效发挥。因为年长员工实践经验越丰富,对企业有着很大的价值,尤其对于研发、技术岗位,年长员工更是成为中坚力量。

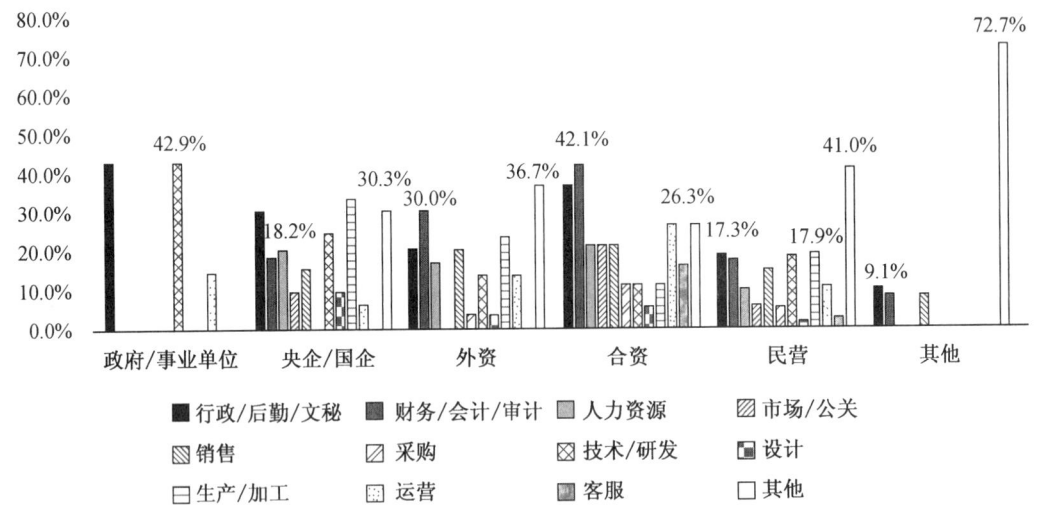

图 8-3 不同性质企业年长员工岗位分布情况

在不同性质企业年长员工岗位分布表中,年长员工从事技术、研发岗位的,在政府、事业单位中比重高达 42.9%,与从事行政、后勤、文秘岗位占比并列首位,在央企、国企占比

24.2%,在民营企业中占比17.9%。值得注意的是在知识密集型企业中,年长员工从事技术/研发岗位占比22.4%,同样与从事行政、后勤、文秘岗位占比并列首位,在技术、研发岗位上依旧占据重要地位。

调查结果侧面反映出,受教育水平高、知识储备丰富、经验丰富的年长劳动力仍可以在技术创新领域继续发挥才能和余热,并且发挥引领年轻员工的作用。

资料来源:智联招聘.2019企业劳动力老龄化趋势调研报告.

第一节 年长员工的界定

一、年长员工的界定

国家统计局数据显示,截止到2019年,我们国家60岁以上的老年人占总人口的18.1%,65岁及以上人口占总人口的12.6%,我国已进入快速老龄化阶段。延迟退休成为缓解劳动人口供养压力和保证充足的劳动力供给的重要手段。人口老龄化现象、延迟退休政策使企业员工工作年限增加,组织内部涌现出劳动力老龄化的局面,管理年长员工成为当今21世纪组织面临的挑战之一。此外,更多的90、95后走进职场,企业内普遍出现"多代共事"现象。所以,随着国家政策和人口统计特征的转变,如何有效管理年长员工,成为当前企业人力资源管理的重要课题。

对于"年长"一词,可以从两个角度进行解释:其一为年龄大、年纪长的员工;其二则含有比较意义,是指比本人年长或任职时间长的员工,学术界多用"新""老"员工进行区分。而本书中"年长"一词通过第一种方式进行解释,是指出生于20世纪80年代前,以60后、70后为主的员工群体。

从年龄段角度,广义上讲,年长员工主要包括以下几类人员:

(1) 40~50岁员工:这一年龄段的员工出生于20世纪70年代。

(2) 50~60岁员工:这一年龄段的员工出生于20世纪60年代,处于退休前的5~10年。

(3) 60岁以上员工:根据我国人口构成,在劳动适龄人口之外,存在正在从事社会劳动的人口,如退休返聘人员,这部分老年就业人口属于年长员工。但是,根据格林豪斯(Greenhaus et al.,2010)职业生涯发展阶段理论,这部分员工已经退休,职业生涯已经结束。

根据上述划分,本书主要探讨60后、70后员工的职业生涯管理问题。

二、我国60后、70后员工的成长历程

年长员工是指出生于20世纪80年代前,以60后、70后为主体的、已经取得了一定的事业成就与社会地位的员工。截至2020年,60后、70后员工均处于40~60岁之间。不同于新生代员工的成长环境,他们出生于传统的计划经济时代的中后阶段。当时我国

的物质条件依然处于匮乏状态,艰辛的生活锻炼了他们吃苦耐劳、艰苦奋斗的品质。

青少年时期,他们接受的是传统的集体主义和革命理想教育。改革开放打开了封闭已久的国门,各种新思想、新观点争相涌入,促进了思想的多样化。变革时期价值观和文化的不稳定给他们的思想带来了很大冲击,也给他们带来很多迷茫和困扰。教育和文化的过渡性,各种思潮和文化经验的剧烈冲击都对他们构成了诸多挑战(张颐武,2007)。在改革开放带来的契机中,他们探索重振中华的途径,有很强的振兴国家和民族的使命感。他们是享受改革开放成果的第一代青年。改革开放赋予了他们大展身手的舞台,有更多可选择机会帮助他们走出迷茫,摆脱困扰,比较顺利地适应了市场经济条件下的生活和工作,并逐渐形成竞争意识、市场意识和个人主义倾向。

恰逢改革开放的大好机会,全国上下掀起了公司热、经商热,大量外企、跨国公司也在华投资,让正处于成年阶段的60后、70后受到机遇遍地的"礼遇"。时至今日,当年的好时机也赋予了60后、70后一种信念:只要付出努力,就会收到回报。

三、西方60后、70后员工的成长历程

在国外,Espinoza 和 Schwarzbart(2015)认为60后、70后成长在一个不太乐观的时期(Espinoza,Schwarzbart,2015)。那个时期正处于冷战,许多企业缩减规模以应对日益恶化的经济状况。父母的失业改变了很多60后、70后的世界观,让他们觉得对一个企业的忠诚度换不回工作上的安全感。青少年时期,西方的60后、70后很少享受到父母的陪伴,因为他们的父母都在辛勤地工作(Crampton,Hodge,2007)。也有许多60后、70后在单亲家庭长大,因为那时正逢妇女运动,许多女性追求应有的社会地位和权利,从而使离婚率一度飙升。那时的60后、70后认为工作只是为了赚钱,不是为了形成情感依赖,因此也不需要太多的忠诚度。怀疑、缺乏忠诚、独立成为西方60后、70后的标签。

四、60后、70后员工的特点

由于物资相对匮乏的成长环境、思想碰撞的教育环境和在改革开放中谋求发展的职业环境,60后、70后员工表现出不同于新生代员工的工作特征和代际差异,综合刘凤香(2011)对员工工作价值观代际差异的研究,本书总结出60后、70后员工的特点。

1. 工作中心度高

总体而言,年长员工受计划经济时期的影响,有着强烈的责任感和使命感。他们事业心重,会在工作上投入大部分的时间和精力,能够任劳任怨地加班,下班后还通常会花时间和精力去思考工作上的事情。他们通过工作获得人生成就感,有较高的工作投入和工作绩效。

新一代的员工则倾向于认为,工作不是生活的全部,也不是生活乐趣和幸福的唯一来源;工作是为了更好地生活,是获得良好生活条件的途径而已;努力工作的目的是为了更好地享受、娱乐。因此,他们不再像前辈一样,把工作作为生活的重心;他们希望从事有兴趣、有挑战的工作,但又不希望因为工作的繁忙而牺牲休闲、社交等方面的享受。体现在

具体的工作中,他们往往不像前辈那样对工作投入更多的时间和精力;按时上下班,不赞成加班加点;注重维护自己合法的休息、休假权益;业余时间不再关注工作的事情,而是专注于娱乐和放松。

2. 工作追求更加理想化

年长员工的传统价值观中有着浓厚的理想主义色彩。他们更倾向于追求有价值、有意义的工作,追求为社会多做贡献。相比于当前社会"精致的利己主义"思想,他们表现出强烈的对社会、国家做出贡献的利他主义倾向,而不只是获得金钱收入。而新生代员工的工作追求更加现实化,他们更加重视经济收入,以及工作带来的自我价值体现,更多关注自我利益的满足。

3. 工作特征偏好与新生代员工不同

在社会舒适度方面,新生代员工生活物质条件充裕,社会的发展和生活条件远优于年长员工,因此他们更喜欢追求愉快、有乐趣的工作。而年长员工经历过物质条件艰苦的时期,有着较为艰辛的生活经历,能够忍受比较艰苦的工作条件,更具有吃苦耐劳精神。在工作挑战性方面,新生代员工个性较强,思想解放,更富有展示自我的意识,他们对工作更具有挑战性的企业更为青睐,同时,他们对有个性、自由生活方式的向往,对自由职业的倾向也更强;而年长员工受传统文化教育较深,思想较为保守,更愿意干力所能及的工作,对提供稳定工作、稳定收入和良好福利待遇的行政机关、事业单位更为青睐。在合作方面,新生代员工大多为独生子女,在成长的过程中同伴较少,自我倾向较高,追求自由自在的工作方式,在工作过程中,易缺乏团结合作意识,更喜欢单独工作;年长员工家庭兄弟姐妹众多,集体意识、合作意识、分享意识则更加强烈。

表 8-1 新生代员工与 60 后、70 后员工的代际特征对比

	新生代员工	60 后、70 后员工
代际差异	崇尚自由、平等、多元化的价值观	工作中心度高,工作投入多,事业心重
	强调现实需求	倾向利他主义,不仅仅强调金钱收入
	压力比较大,抗压能力弱	能忍受艰苦的工作条件,能吃苦耐劳
	思想解放,追求工作挑战性	追求工作稳定性
	自我意识高涨	集体意识、合作意识、分享意识强

资料来源:刘凤香.员工工作价值观代际差异研究[D].南开大学,2011.

第二节 年长员工职业发展的瓶颈与公平问题

Marchiondo(2016)研究发现,相比拥有更多地位、资源、财富的中年员工,年长员工

通常由于其工作能力的下降以及人们对此的刻板印象而陷入职业生涯瓶颈。在招募、晋升、培训、裁员等各种人事活动中,年长员工都受到了不公正的待遇。Butler(1969)最早提出"年龄歧视"(Age Discrimination)的概念——"对老年群体具有系统的成见和歧视的过程",现在泛指对任何年龄群体潜在的不公和歧视,包括对年长员工的偏见和不公。在员工年龄结构显著变化的环境下,这些偏见和不公无疑会对年长员工和企业本身带来消极影响。本节将分别探讨年长员工在职业发展中面临的瓶颈与公平问题。

一、年长员工职业发展的瓶颈问题

1. 职业发展瓶颈的定义

一个流程中生产节拍最慢的环节通常被称为"瓶颈"(Bottleneck)。广义上说,"瓶颈"是指整个流程中制约产出的各种因素。对个人职业发展来说,"瓶颈"一般用来形容职业发展中的停滞不前的状态。这个阶段就像瓶子的颈部一样是一个关口,如果没有找到正确的方向有可能一直被困在"瓶颈"处。职业瓶颈(Career Bottleneck)是对职场从业人员职业生涯的阶段性描述,是指个体在职业生涯中无法改变自身条件和外部环境的情况下所产生的一个停滞时期。这个时期或长或短,取决于从业人员个人的变化以及组织的变化等因素。

美国心理学博士格林豪斯(Greenhaus et al., 2010)将职业生涯划分为五个阶段:0~18岁为职业准备阶段,18~25岁为查看组织阶段,25~40岁为职业生涯初期,40~55岁是职业生涯中期,55岁到退休为职业生涯后期。由此可见,职业生涯发展瓶颈通常出现在25~55岁之间。

对于所有渴望在职业上有所发展的员工而言,"瓶颈"是一个需要特别重视的时期。往上是出口,如果没有找到正确的方向,就会被困在"瓶颈"处。工作似乎进入了一个死胡同,工资不多,刚好够花,扣除房租或房贷和日常的开销,基本没有太多的盈余。按现在的物价上涨速度,感觉生活压力越来越大,在单位晋升的空间也不大,不甘心就这样下去,考虑换个工作,可是害怕还不如现在的环境好和收入高。个人的专业和技能没有跳槽的资本,思想顾虑重重,感觉进入了一个死循环,陷入职业困境中。

很多人在职场中都遇到过这种"职业发展瓶颈"的问题。无论在职业发展的哪一个阶段,都有可能无法突破现有的岗位层级和管理层级,而在一个岗位或一个层级上长期工作,职业倦怠心理严重,薪酬水平几乎不动,职业竞争力不断下降。一旦遇到职业"瓶颈"期,有的人放弃了努力,还有一部分人积极地寻找各种机会突破这种瓶颈。处理得好,能找到事业新的发展出口,取得成功;处理得不当,或是放弃了突破的努力,就会葬送了职业前程。

2. 年长员工面临的职业发展瓶颈

知识经济时代,科学技术迅猛发展,知识老化和技术更新的速度非常惊人。年长员工由于其体能和精力不可避免地衰退,学习能力及整体职业能力呈下降趋势,其知识、技能明显老化和磨损,且已无力更新与恢复,职业工作能力和竞争能力逐渐减弱以至丧失,面临着一系列职业发展瓶颈问题。本节根据格林豪斯(Greenhaus et al.,2010)和龙立荣(2015)等人的文章总结了年长员工面临的职业发展瓶颈及突破方法。

(1) 权力、责任和中心地位下降,角色发生明显变化

组织中的重要岗位,通常是由经验丰富、熟悉组织发展历史、能力较强的员工负责。然而,随着组织事业发展的规范化,组织中新老员工的交替工作衔接得越来越早。年富力强的员工正值职业发展顶峰的时期,有的员工攀升至中、高层领导岗位,拥有相当权力,负有重要责任;即使是一般员工,也多为职业工作中的骨干,娴熟的技能和丰富的经验,使他们处于工作中心的位置,并能够胜任良师的角色。但是,年长员工逐渐步入职业发展的中后期阶段,一个个夺目的光环渐渐消失,领导职务往往逐渐被年轻人所取代,权力与责任随之削弱,核心骨干、中心地位和作用逐步丧失。

(2) 知识体系老化,成为企业转型的阻力

互联网技术的飞速发展,有些年长员工在技术上已经难以适应,市场意识与敏感方面远远落后于新员工。劳苦功高的年长员工居于虚职,为新员工的职位晋升制造了天花板,导致有的新员工的工作热情和创新精神被他们消磨殆尽,有的甚至愤然离去,使企业痛失人才。

(3) 思想观念与年轻员工不同导致代际冲突

1966—1978年是中国社会大动荡的年代,成长于这一时期的年长员工虽然不是动荡的实际参与者,但是他们接受的却是僵化的教育。因此,较之成长于改革开放时期敢于挑战、勇于突破、具有强烈批判精神的员工,他们既缺乏个性色彩,也缺乏创造性,加上年长带来的不安全感,有些年长员工爱摆老资格,不听从安排,不配合工作,爱钻制度漏洞,消极怠工,与年轻员工之间的代际冲突影响了组织的内部团结。

(4) 生理机能退化,工作能力衰退

随着年龄的增长,个人的体力、精力、生理机能等开始退化,年长员工比年轻人更容易生病或丧失劳动能力,体力大不如前,学习能力下降,职业工作能力明显衰退,进取心也逐渐削弱乃至消失。

3. 突破职业发展瓶颈的方法

(1) 关注年长员工身心健康

年长员工通过多年的职业生涯发展,积累了丰富的经验与人脉,技术技能娴熟,是组织的宝贵财富。然而,他们由于体力、精力、身体状况不如年轻时健康、充沛,潜力的发挥受到限制。因此,组织应关爱年长员工的身心健康,为他们提供健康咨询、医疗体检等服务,帮助年长员工锻炼身体,保持旺盛的精力,继续在自己的岗位上为组织发光发热。

(2) 整理思路,消除职业倦怠感

"改变"是不会变的,永恒存在,适者生存而不是懦者生存。年长员工应勇敢面对和欣然接受生理机能衰退所导致的竞争力、进取心下降的客观现实,同时在组织中寻找适合自己的新角色。组织也应重视年长员工拥有的娴熟技能和丰富经验,制定适合他们的政策,

如"师带徒",担任教练,对员工进行技能培训,充当参谋、顾问的角色,或出谋划策,提供咨询等,设置适合他们的职位,帮助他们在职业生涯上有所进步。

(3) 提高能力,应对职业压力感

学无止境,特别是在知识更新换代日益加快的知识经济时代。一方面,年长员工应正视自己知识老化的问题,主动学习;另一方面,组织也应为年长员工提供学习机会,制定相应的培训计划,帮助年长员工学习新的知识、技能,以顺应时代潮流,应对工作压力。这不仅有助于增加组织的人力资本,同时年长员工也会对组织心怀感恩,有助于激发他们的工作热情,提高工作绩效,增强他们的组织忠诚度与归属感。

(4) 跨越人际障碍,树立良好的口碑

出生在改革开放时期的员工多成长于独生子女家庭。他们自我意识高涨,崇尚自由、平等、多元化的价值观,文化水平高,学习能力强,愿意表现自己,渴望被认可,在诸多方面表现出不同于年长员工的鲜明特点。年轻员工把握着组织发展的今天和未来。年长员工应接受这些不同,承认代际差异的存在,并尊重、关爱青年一代,在人际沟通中相互理解。组织也应鼓励年长员工传授经验、知识,营造良好的组织文化氛围。

二、年长员工职业发展的公平问题

波特兰州立大学2018年4月在《职业行为杂志》上发表的一项研究表明,如果雇主没有为年长员工提供足够的支持和资源,他们往往比年轻员工感到更大的压力。该研究对243名24～64岁的市政公共工程员工进行了为期一年的调查。研究发现,年轻和年长的员工在工作上有更大的自主权、与上司关系良好,同时觉得自己在工作中受到尊重和公平对待时,双方总体压力水平较低。但是当缺乏这些资源时,年长的员工比年轻的员工的压力水平要高得多。

波特兰州立大学心理学教授唐纳德·特鲁希洛说:"这些都是雇主应该向所有员工提供的东西,但对年长员工来说更为重要。""你不希望看到公司,'以这种方式对待年轻人,以那种方式对待老年人',但确实需要建立具有年龄敏感性的人力资源系统,需要培训管理者如何识别不同年龄层员工的需求。"

研究结果表明,年龄较大的员工比年轻人更重视拥有自主性和支持性的工作环境,因为这些资源使他们能够适应年龄增长而发生的心理和身体变化。例如,年纪较大的员工倾向于优先考虑情感需求,更关心与同事进行有社会意义的互动和指导,而年轻员工则倾向于获得职业发展所需的技能。美国劳工部估计,到2020年,老年员工将占劳动力的近四分之一。随着55岁及以上的员工人数持续增长,这一发现尤为重要。特鲁希洛说:"随着劳动力年龄越来越多样化,了解年轻人和年长员工之间的差异很重要,这有助于他们更有效地应对工作生活的需求。"

研究报告的建议包括:对主管应加强领导技能的培训,说明如何与所有年龄的员工建立牢固的关系,使他们感到自己是团队中值得信赖和重视的成员。由于年长员工在不公平的情况下似乎更容易受到压力的影响,各组织需要对决策的做出和执行方式保持透明,而不是歧视;在做出关键决定时重视员工的投入,并为员工提供表达关切的渠道。

此外，观念也是个重要因素。在我国，年轻总是与不成熟联系在一起，因此许多重要岗位都由经验丰富的年长者担当。即使许多人少年得志、成就非凡，一旦到了自己退休的时候，也变得保守起来，觉得年轻人不可信、太稚嫩，不愿意将权力和岗位交出去。

年长员工的管理是一个值得关心的问题。年长员工往往被视为在如下几方面处于劣势地位：产值、效率、压力下的工作能力、进取心、接受新观念、适应性、灵活性、发展新技能的能力等。尽管这种刻板印象并不一定错误，但是这些偏见会显著影响组织对待年长员工的态度和管理方式，比如：

（1）如果年长员工被看作是顽固的和抵制变化的，那么组织就不太可能去帮助他们改进绩效。

（2）如果年长员工被认为无力赶上时代的变化，那么组织就不太愿意为他们的技能改进进行投资。

（3）如果年长员工被看作缺乏创造性，那么组织就不太愿意安排他们从事创造性的工作。

对年长员工的偏见会导致上述不恰当的管理行为。而这种不恰当的管理行为则剥夺了年长员工发展技能和保持活力的机会，使得对他们的偏见成为一种"自我实现的预言"，由此进一步导致他们在个人选拔、绩效考评以及培训等方面受到不公正待遇。

态度决定行为。组织应该首先克服对年长员工的认识偏见，客观对待年长员工的价值。有研究表明，有些年长员工不仅在生产效率上与年轻同事一样高，而且他们有较低的缺勤率、流动率和事故率，以及较高的工作满意度和更为积极的工作态度。因此，年长员工可能是忠诚的、有生产效率的、有工作热情的，应该受到尊重。

现在，许多管理者或人力资源部门的工作者，将工作的重心放在年轻人上，注重未来的潜力开发，相对忽视处于职业生涯后期的年长员工。有些企业甚至将这些员工看成包袱。这种做法不但会极大地伤害年长员工的感情，也会挫伤其他员工对组织的认同感，因为人终有变老的一天。如果希望基业长青，这种短视的做法是不可取的。

第三节　年长员工职业生涯管理的对策与实践

根据前文分析了年长员工职业生涯的瓶颈及突破手段，本节着重介绍年长员工职业生涯管理的可行性对策和实践。

一、自我职业生涯管理策略

由于中国社会的发展正处于变革时期，组织发展遇到许多问题。为了生存和发展，许多组织实施了减负政策，如对年纪较大的员工实行提前内退，将养老保险金交给社会统一发放等。老牌企业和新兴企业的运行机制不同，老牌企业的负担相对过重，为了减轻负担，大多数企业都不大关心年长员工的福利，而将组织的利益杠杆向能为企业发展带来希望的员工（主要是年轻人）倾斜。为此，除了寄希望于组织重视处于职业生涯发展后期的年长员工的利益外,年长员工个人也应该主动地担负起职业生涯后期的管理责任。根据周文霞(2004)、杜林致(2006)等学者的研究成果,年长员工自我职业生涯管理策略有如下几种:

1. 调整心态,迎接变化

处于变革时期总会有利益的受益者和受损者。年轻人由于把握的是现在和未来,成了理所当然的受益者;而年纪大的人,过去美好的时光已经成为历史,只能把握现实并接受现实。如果年长员工对工作了一生的组织还有感情,还希望它生存、发展和繁荣,只有寄希望于年轻人。有健康的心态才会有健康的生活。如果总觉得社会不公平,容易生气,生活质量就难以提高。同样的生活,不同的心态,感受会截然不同。与其埋怨、生气,不如调整自己的心态,接受现实,充实自己。

因此,年长员工要勇敢地面对和欣然接受生理机能衰退所导致的竞争力、进取心下降的客观现实,另辟新径寻求适合于自己的新职业角色,以发挥个人的专长与优势。在现实工作中,当师傅,带徒弟,培育新员工,充任教练,对员工进行技能培训;充当参谋、顾问的角色,或出谋划策,提供咨询;从事力所能及的事务性工作等,均不失为适宜于年长员工的良好角色。

2. 学会和接受权力、责任和工作中心地位的下降

首先,要从思想上认识和接受"长江后浪推前浪"是必然规律,心悦诚服地认可个人职业工作权力、责任的减小以及工作中心地位的下降,以求得心理上的平衡。其次,将思想重心和生活重心逐渐从工作转移到个人活动和家庭生活方面。学会在业余爱好、家庭、社交、社区活动和非全日工作等方面,寻找新的满足源。例如,通过参加钓鱼、养花、收藏、旅游、老同学或朋友相聚畅谈,参加社会治安和交通治理等活动或新职业等,来充实自己的生活,满足自己的需求。

3. 学会应对"空巢"问题

对于年长员工,"空巢"的出现是家庭生活的一大变化,也是人生的一大转折。应对好这一变动,对于年长员工的工作和个人发展均十分重要。

(1) 员工的思想重心应向家庭倾斜,多陪伴家人。

(2) 随着生活重心的转移,属于个人的时间增多,有条件发展个人业余爱好和兴趣,满足以前难以实现的个人需求,也可以充实和丰富个人的"空巢"家庭生活。

(3) 注重社会人际交往,增进亲情和友情。

(4) 积极参加社会活动,寻找适宜的新职业。

4. 回顾自己的整个职业生涯,着手为退休做准备

有些员工在退休之前心理准备比较充分,对自己将来的生活有计划和打算,能很快适应退休后的生活;而有些员工尚未意识到未来的生活与现在工作的区别,没有充分的心理

准备。特别是缺乏必要的爱好和活动安排，一旦退休，会感到严重的不适应，觉得寂寞、空虚、度日如年，以致身体状况也迅速衰退。

年长员工可主动为自己的退休生活做打算。如果身体好，工作还能延续，可以找一个合适的组织，继续自己的事业；如果觉得自己忙碌了一辈子，生活太单一，精力允许、经济上有保障，可以选择旅游；如果身体较差，则可以选择比较安静的生活方式，比如上老年大学、学习写字、绘画、学习电脑、上网；也可以选择一些适合老年人的体育运动，比如打门球、慢跑、打太极、跳健身操等；如果子女需要帮助，自己也愿意，则可以和子女生活在一起，共享天伦之乐。

5. 培养年轻人

有些组织很重视年长员工所掌握的知识和经验，并希望他们能发挥自己的优势，帮助培养年轻员工。培养年轻员工也是一门科学。要将自己的感受、理解以科学的方式和方法传递给年轻人，就像教师和教练一样。为了达到培养年轻人的目的，既需要了解年轻人的心理，与年轻人和谐相处，又需要讲究技巧，使受教育者能轻松地理解。为此，如果个人有这个愿望，还可继续学习一些相关的知识和技能，将自己的经验和教训传授给未来的接班人。

二、组织职业生涯管理策略

在组织职业生涯管理中，对于不满足组织需求或者不利于组织发展的年长员工，组织可以进行员工离任管理。退休是年长员工和组织必然会面临的问题，因此，组织需要做好退休计划，帮助年长员工准备结束职业工作，适应退休生活的计划和活动；同时，组织应做好继任规划，培养接班人，保证关键岗位的人力资源储备；最后，导师计划可以帮助组织充分运用年长员工丰富的经验、技术、人脉及影响力，帮助年长员工继续发挥余热。

总结起来，组织对年长员工职业生涯的管理可有如下策略：

1. 年长员工的去留管理

"家有一老，如有一宝。"年长员工伴随企业从初创到成长，拥有精湛的技术、丰富的经验和人脉。同时，年长员工也存在体力下降、知识体系老化、与新生代员工之间的代际冲突影响组织内部安定团结等问题。因此，组织应做好年长员工的去留管理。

对于无法满足组织需求的年长员工，组织可以考虑进行离职管理或退休管理。需要注意的是，人虽离开，但情义仍在。因此，组织要做好离职管理、离退休培训等工作，从而延伸员工忠诚度。对于在工作激情及工作能力等方面仍可塑造的年长员工，组织可以采取延迟退休或退休返聘政策，通过培训，帮助年长员工提高个人能力；运用激励手段，激发年长员工的工作热情；寻找新的市场，拓展组织需求，充分利用好年长员工的工作能力和工作激情。集工作能力、工作热情于一身，同时又能满足组织需求的年长员工，是企业求之不得的，弃之不舍的。但是，这些员工终究要退休。企业可以通过分阶段退休、延迟退休、制定退休返聘政策等留住这一部分年长员工，使他们能够继续为企业的发展做出贡献。

2. 退休计划

（1）退休计划管理

组织和年长员工皆必然面临着退休问题。退休是一个人停止自己工作的时间点，这是组织进行人力资源更新的重要措施。通常，退休的年龄一般在55岁左右，但由于一些企业实行提前退休激励方案，低于55岁提前退休的人数也越来越多。大量事实表明，退休很可能会对组织和员工的工作产生消极影响。对于大多数员工来说，退休是一个苦乐参半的过程。退休是他们职业生涯的顶点，退休意味着他们能够放松下来，享受自己的劳动果实，同时又不必再为工作上的问题操心着急。然而，退休本身却又是痛苦的，因为忙碌了一生的员工在突然之间不得不面对每天"没有生产率"的生活，会产生失落感。事实上，对于许多退休员工来说，在不从事全日工作的情况下，维护归属感和自我价值感是他们需要解决的一项重要任务。因此，为了减少和避免可能的伤害，对员工退休事宜加以细致周到的计划和管理非常必要。许多企业也越来越注重开展退休计划，以帮助临退休的员工应对这一问题。

退休计划是组织向处于职业生涯晚期的员工提供的，用于帮助他们准备结束职业工作，适应退休生活的计划和活动。退休是组织保持更新与活力、稳定员工职业生活的必然需要。良好的退休计划，可以使员工尽快顺利地适应退休生活，维持正常的退休秩序，最终达到稳定从业人员心理、保持员工的正常新陈代谢、提供更多的工作和晋升机会的目的。以下是成功的退休计划所提供的一些启示。

a. 退休计划项目应该集中于退休的内外因素两个方面。外部的因素包括财产安全、住房变化、法律问题等，内部的因素包括脱离工作后所带来的各种心理问题。进行"现实的退休准备"能提供一种平衡的退休蓝图。

b. 退休计划项目应该按照小组规模组织，以鼓励双向交流并提供咨询机会。由此，退休带来的社会的、心理的后果都能以更坦率的方式得到解决。

c. 如果可以，退休员工的退休计划项目至少在预计退休前5年就开始执行，这样就有充足的时间来解决所有的问题。咨询活动也应该在员工退休后的一段时期内持续进行。

d. 以前的退休员工可以作为退休计划项目中的信息来源和模范榜样。

e. 在退休计划项目中如果有配偶的参与则更有益处。

f. 对于那些具有强烈忠诚感的员工，需要提供特殊的退休计划项目，予以帮助，解决他们可能面临的困难。

g. 退休计划项目的拟定需要努力保持准备退休人员的积极态度和工作绩效，允许组织挽留需要的年长员工，并鼓励其他人提前退休。但是，退休计划必须仔细评估组织和员工两方面的情况，以满足双方的需要。

（2）退休计划管理的方法和措施

即将退休的员工会面临财务、住房、家庭等各方面的实际问题，同时又要应对结束工作开始休闲生活的角色转换和心理转换。因此，退休者需要同时面对社会和心理方面的调节。通过适当的退休计划和管理措施满足退休人员情绪和发展的需要,是组织需要做好的一项重要工作。在退休计划中,组织可有如下措施协助解决员工面临的退休问题的。

a. 帮助员工树立正确观念,坦然面对退休

"长江后浪推前浪"是自然规律。年长员工结束职业生活是不可避免的。组织有责任帮助员工认识并心悦诚服地接受这一客观现实。组织可以通过开展退休咨询、召开退休座谈会、组织退休研讨会等,了解员工对于退休的认识和想法,讨论应如何认识和对待退休,交流退休后的打算,以及如何过好退休生活的经验等。这可以帮助即将退休的员工做好思想准备,以减轻退休后所产生的迷茫感和失落感。

b. 开展退休咨询,着手退休行动

退休咨询就是为即将和已经退休的员工提供事务、住房、报迁、家庭、法律和再就业等方面的咨询和帮助。在西方,大约30%的企业制定了正式的退休准备计划,以帮助员工顺利度过退休过程。常见的退休准备计划的一些基本做法包括:说明各项社会保障福利(97%),休闲咨询(86%),财务与投资咨询(84%),健康咨询(82%),生活安排(59%),心理咨询(35%),公司外第二职业咨询(31%),公司内第二职业咨询(4%)。

组织开展的递减工作量、试退休等适应退休生活的退休行动,对员工适应退休生活也具有重要帮助。递减工作量是对即将退休的员工,逐渐减少其工作量。例如逐渐减少其日工作时、周工作日或年工作周,使其逐渐适应没有工作的退休生活。试退休是安排即将达到退休年龄的员工离开工作一段时间去体验退休生活,然后决定是继续工作一段时间还是退休,通过亲身感受来逐步适应退休生活。

c. 做好退休职工的岗位工作衔接

员工退休而组织的岗位工作却要正常运转,因此,组织要有计划地分期分批安排应当退休的员工退休,切不可因为退休影响工作的正常进行。在退休计划中,及早进行接班人的培养是非常重要的。组织可以采取多种形式对接班员工进行岗位的培训与学习,如与即将退休的员工一起工作一段时间,进行实地学习,请老员工传、帮、带等。帮助退休员工与其接班者做好具体的交接工作,在岗位更替之时衔接好,保证工作正常顺利进行。

d. 采取多种措施,做好员工退休后的生活安排

首先,因人而异帮助每一个即将退休的员工制定具体的退休计划,尽可能地把退休生活安排得丰富多彩又有意义。例如,鼓励退休员工进入老年大学,培养多种兴趣爱好,多参加社会公益活动和老年群体的集体活动等;也可帮助组建余热团体,将虽已退休但仍有心有力的员工组织起来,通过团队内部的交流,鼓励他们为组织和社区服务,来满足他们的情感需要和社会需要。通过这些活动,达到广交朋友、增进身心健康的目的。

其次,组织可以通过召开退休员工座谈会,增进退休员工与企业的互动。向退休者通报企业发展情况,互通信息;征求退休员工对企业发展的意见和建议;加强员工之间的沟通、联系和友谊。

第三,组织可以多种形式关心退休员工。例如,为退休员工办好养老保险和医疗保险,关心退休员工的身体健康。切实解决其实际困难和问题,每逢节日、生日之际,慰问安抚退休员工,召开退休员工联谊会,进行多方面信息交流,活跃退休生活等。

最后，如果退休员工个人身体和家庭情况允许，尚可继续参加工作，组织可以采取兼职、顾问或其他方式聘用他们，使年长员工发挥余热。当前的一个重要趋势是允许退休的员工兼职，以此作为正式退休的一种变通做法。研究表明，55岁以上的员工中有一半以上都愿意在退休后继续从事兼职工作，企业也可以将这种做法纳入对他们的职业生涯管理过程之中。

三、继任计划

继任计划（succession planning），是组织保障其内部重要岗位由优秀人才继任而采取的人力资源管理制度与措施。

很多企业发展到一定阶段之后，关键岗位或管理岗位会被一些年长员工把持。这不但阻碍新进人员的晋升，无形中还增加了企业的用人风险。造成这种后果的主要原因就在于企业在发展过程中过分依赖某些个人，而忽视了对后续人才的培养。对此，企业应该未雨绸缪，重视接班人的培养，在关键岗位保持足够的人力资源储备；建立岗位轮换制度，避免核心技能和关键岗位长时间掌握在个别人手中；人力资源部门要保持对人才市场的持续关注，以便随时能够找到继任者。

组织在进行继任管理时应注意以下两方面：

1. 组织应主动地实施继任计划

组织不要等到出现职位空缺后才临时抱佛脚，而应在需要填补重要职位之前就开始进行培训或轮岗，以便使继任者获取更多经验和知识。接班人和有潜力的候补人员都应在继任规划实施的早期选定。这样不但对当事人有帮助，而且还有助于避免其他主要候选人因得不到及时提升而离开组织。

在继任计划的实施过程中，要根据公司的具体情况采用不同方式，切忌千篇一律，所有的职位都采取同一方式。组织可以让候选人在不同岗位上轮换，以获取更广泛的经验和知识；组织也可以让候选人更深入地参与到某些特定部门的工作中。因此，不同职位应根据情况采取不同继任方式。

继任计划不需要普及到每一个职位，但需要考虑到重要职位。具体情况还需根据不同行业、不同公司的特点而定。作为组织战略思考的一个组成部分，每个组织都需要针对重要职位采取有计划的继任方案。且每年都应至少重新审视一次继任计划。

无论是对于整个继任计划，还是对其中的继任人做个人职业生涯规划，组织都不能只按照一个模式去做。要分析组织和个人的具体需要，并据此拟定、优化这一规划。另外，组织要有足够的耐心去培养接班人，成效不是一蹴而就，需要一定时间才能取得效果。

2. 要认识到继任计划的复杂性与长期性

继任计划的实施存在几个误区：① 没有正式的书面发展规划；② 计划过于笼统，缺乏弹性，没有考虑到个人的能力和需要；③ 正式提升手续繁琐，等待时间过长；④ 纳入了不合适的人选。

在部署和利用战略资源时,必须重视关键人才的培养,以备未来之需。继任计划的建设是一个永无止境的过程,需要定期审视组织的资源,确定哪些位置需要接班人,弄清需要多长时间培养候选人,因人而异制定出职业生涯路线。

四、导师计划

导师计划是组织中富有经验的资深员工对经验不足员工进行指导的一项组织安排。通常情况,导师是由组织中的年长员工担任。尽管年长员工在体能、智能方面有所下降,但他们仍然有其优势存在。主要体现:一是经验丰富。不论是工作上,还是人际关系上,他们较年轻员工积累了更丰富的经验。二是个人的社会地位和影响力较高。经过一生的职业生涯发展,他们积累了一定成就,取得了一定地位,相对于一般的年轻员工,有着更高的影响力。一些年长员工熟知企业发展过程,已深深融入企业文化之中;在长年的职业工作中,练就了娴熟的技能,积累了生产、业务实践知识;有丰富的人生阅历,见识广,具有处理复杂工作关系的能力和经验。因此,年长员工有条件凭借自身的经验、技能和智慧优势,担当良师的角色,继续在工作中发挥独有作用。

总的来说,在大多数公司里,年长员工的管理问题一直是个不可回避的话题。对于如何使用年长员工,如何看待年长员工的去留问题,一直困扰着人力资源管理者。公司应充分肯定年长员工为企业发展所做的突出贡献,同时也需妥善处理好对企业发展造成阻碍的年长员工。企业应从大局出发,提升年长员工价值,树立年长员工榜样,发挥年长员工作用,为年长员工"量体裁衣",帮助他们在企业中获得最佳职业发展。

本章小结

1. 年长员工的界定
2. 我国年长员工的成长历程
3. 西方不同时代员工的特征
4. 年长员工的特点
5. 年长员工的职业发展瓶颈问题

权力、责任和中心地位下降,角色发生明显变化

知识体系老化,成为企业转型的阻力

思想观念与年轻员工不同导致代际冲突

生理机能退化,工作能力衰退

6. 突破职业发展瓶颈的方法

关注年长员工身心健康　整理思路,消除职业倦怠感　提高能力,应对职业压力感
跨越人际障碍,树立良好的口碑

7. 年长员工职业发展的公平问题
8. 年长员工职业生涯管理的对策与实践

(1) 自我职业生涯管理对策与实践

调整心态，迎接变化　学会和接受权力、责任和工作中心地位的下降　学会应对"空巢"问题　回顾自己的整个职业生涯，着手为退休做准备　培养年轻人

（2）组织职业生涯管理策略

年长员工的去留管理　继任计划　退休计划　导师计划

复习与思考

年长员工绩效变差是管理偏见吗？

在人力资源管理领域，人们普遍认为"新生人才就是指年轻的人才"。但年轻人是否就一定意味着工作绩效更佳？全球的人力资源管理经理一直都视提升工作绩效为重要目标。虽然研究显示工作绩效随着时间推移趋近稳定，但该结论并不完全正确。个人绩效水平有可能因为培训和学习而提高，也可能因为一些短期因素（例如疲劳）或者长期因素（例如年龄增长）而降低。

那么，与寿命相关的因素是否会影响工作绩效？以认知能力为例。流体智力，即思考、推理和解决问题的能力，会随着年龄增长而下降；而晶体智力，即对过往经验的学习能力，却不然。这就意味着年长的员工有能力学习新的事物，只是他们需要较长的时间去掌握工作中的新技术或新方法。人只有在十分年长的时候，所有心智能力的生物过程才会急剧减少。这通常发生在80多岁的高龄阶段，而大多数人在这个年龄段到来之前就早已退休。

另一个关于工作绩效比较有意思的研究结论是，年龄对工作绩效根本没有任何影响。每个人都能体验到自己的记忆力似乎随着年龄增长变差，同时学习新事物不再那么轻松，为什么研究依然得出这样的结论呢？

首要原因是，随着年龄增长，智力的逐渐下降呈现某种程度的"可塑性"。相对于从事简单工作的员工，从事高度复杂工作的员工显示出较少的认知能力下降症状。事实上，工作复杂性对年长者个体认知弹性（指以多种方式同时重建自己的知识，以便对发生根本变化的情境领域做出适宜的反应）的影响比年轻个体更明显。

其次，与"酒越陈越香"的道理一样，年龄的增长会对工作绩效带来积极影响。随着年龄增长，旷工、工作拖延、反生产行为以及工作场所侵犯行为都会减少。的确，组织公民，即一个人的社交和互助行为对组织成功的贡献程度，已被证明是随着年龄的增长而提高的。

第三，年长员工在处理绩效问题方面，会通过其他途径来弥补因认知能力降低而带来的绩效水平下降。例如，做笔记，通过精力与时间的合理分配来优化他们处理任务的方法，尽可能选择他们擅长的任务等。其中一个策略称之为 SOC，即选择、优化和补偿（Selection、Optimisation、Compensation）。年长员工可以应用该策略来增进绩效，即使不能增进，至少也能保持绩效。

因此，由于年长的员工在工作场所的多方面仍能做出相当贡献，总体绩效可能根本不会受到影响。同样，工作中的主动性，即比所期望的做得更多更好，对于不同年龄段的员

工而言没有任何差别。

这就意味着,年长员工必须选择核心的工作任务;抓住适当的时机,投入资源,磨炼技能和知识来执行任务,并通过其他方法保持绩效。例如,已故的钢琴家阿图尔·鲁宾斯坦在他80多岁的演奏会仍然能保持高水准的演出,这是因为他弹奏较少的音乐作品(选择);他更频繁地练习这些音乐作品(优化);他在弹奏节奏快的乐章前会将前段的乐章弹奏得较慢,进而显得节奏快的乐章更快,从而弥补他的体力速度的变慢(补偿)。

另一个可证明年长者优秀绩效的依据是,年长的员工对待自己的工作更加一丝不苟,并且更加关注取得的成果,因而他们能更有效地运用这种补偿机制,保持良好的绩效。

以上论述表明,年长员工的实际工作绩效并不会因为年龄增长而降低。对于年长员工不能再有效处理工作的刻板印象完全是没有科学依据的偏见。在某些情况下,即当工作需要得到认真对待,以及当年长员工可以运用他们的经验时,年长员工的工作绩效可能会更高。另外,在员工需要与客户打交道或者协助团队工作时,年长的员工实际上可能比年轻员工表现得更佳、更有成效。

应用案例分析

在交响乐团的世界里,双簧管吹奏者的职位一直以来都很稀缺。年轻的双簧管吹奏者等待顶尖乐团的职位开放,但不少首席双簧管吹奏者在坚守岗位几十年后仍然不退休。没有统计数据表明有多少年轻吹奏者最终是放弃、改变职业,还是在低级别职位上苦干多年。但在21世纪初期,很多资深双簧管吹奏者开始退休,高级职位出现空缺,次级职位随之开放并逐级出现松动。双簧管吹奏者的晋升突然间成为可能。某位年轻有为的吹奏者将这一时刻形容为"上天的恩赐"。

双簧管吹奏者的困局很好地说明了大量员工决定退休后依然留在劳动力市场,这是当前经济中正出现的越来越普遍的情况。组织的"名额限制"(slot constraints)让年长员工守着"铁饭碗",将高潜力年轻人才拒之门外,导致人才需求也出现或繁荣或萧条的交替循环。

内部和外部力量交缠,最终在公司内部导致溢出问题。从内部看,如果公司为员工提供升迁机会(职业空间)的能力有限,员工必须以牺牲同事的利益为代价才能获得升迁的话,就会出现溢出问题。这可能意味着,当年长员工延迟退休,年轻员工的职业升迁就会停滞。与此同时,行业状况和宏观经济趋势等外在力量决定了公司的职业空间。没有订单的公司无法实现增长,而如果公司无法增长,就不能创造职业晋升机会。这就会形成恶性循环。考虑到年轻的公司往往增长速度快于成熟企业,职业溢出问题在成熟企业中对员工的影响最大。人才会从增长较慢的公司跳到增长更快、职业空间更大的企业,这又增加了成熟企业寻求新增长的难度。

公共政策和人口数据的变化加剧了企业职业空间受限的困局。在宏观经济层面,多数高收入国家人口年龄的中位数增加,也就是说,年长员工人数不断增加。年长员工往往在组织中居高职,在职场打拼的最后几年里也不太可能换工作。退休不断延迟,既是因为别无选择,也因为多数国家迫于预算压力,延长了退休年龄。

一想到公司对增长和方向的战略决策,人们通常就将注意力放在商业机会等外部因素上,而不去考虑公司职业空间等内部力量对自身前途的影响。但越来越多证据表明,忽视职业晋升或不能提供相关机会,会导致员工流失,特别是高潜力人才会选择离开。沃顿商学院教授彼得·卡佩利(Peter Cappeli)在其 2008 年出版的《按需供才》(Talenton Demand)一书中强调,"对晋升机会的不满是人才选择去其他地方工作的最重要诱因之一"。这种不满也可能引发代际冲突。确实,毕马威 2013 年的调查发现,"46%的人都认为,只有年长员工退休,年轻员工才能获得真正的晋升机会"。出现这种情况,对所有参与调查的人来说都很不幸,而且在过去几年中这一现象又恶化了。

资料来源:《哈弗商业评论》2019 年 4 月 4 日《年长员工不退休,年轻员工怎么办?》

思考题:
1. 组织雇佣年长员工有哪些利弊?
2. 针对组织中的职业溢出问题,你有哪些有效的解决方案?

第九章 数字化时代与员工职业生涯管理

 开篇故事

在2019世界人工智能大会上,就人工智能对未来就业影响的话题,马云和特斯拉CEO马斯克发表了不同看法。马云认为"新技术不仅不会带走就业机会,反而会创造新的就业机会";而马斯克却认为"AI的发展可能会使人类工作失去意义"。一篇《人工智能概览》的文章提到,人工智能(AI)将在商业领域中产生巨大影响,在极大程度上扩大早前多个通用技术的应用规模。虽然现在全球数千家公司已经在应用人工智能,但绝大多数重要机会尚未发掘。人工智能的影响在接下来的10年中不断放大,制造、零售、交通、金融、医疗、法律、广告、保险、娱乐、教育及几乎所有其他行业都会改革核心流程和商业模式,从而搭上机器学习的顺风车。现在,瓶颈出现在管理、执行和商业想象力方面。

李开复在一篇《人工智能与人类工作的未来图谱》的文章中提到,人工智能的四波浪潮席卷了全球经济,人工智能有潜力撬开更大的贫富差距,引起大范围的技术性失业。未来由技术导致的财富与阶层上的悬殊可能演变为更深刻的裂痕:撕裂社会结构、挑战我们的人格尊严。李开复认为,如果人工智能技术持续发展并融入工作中,那么工作内容主要落在"危险区"的工作(如卡车司机、定损员等)在未来几年面临着被取代的高风险。"安全区"的工作(如导游、心理学家、按摩师等)在可预见的未来中不太可能被自动化。李开复还预测未来受冲击最大的工种为市场营销、客户服务,以及涉及大量常规优化工作的行业如快餐、金融证券,甚至是放射医学。

第一节 数字化时代的人才需求

过去十余年来,以平台经济、共享经济为代表的数字经济获得了长足的发展,成为中国经济动能转换、产业结构转型与居民消费升级的重要支撑力量(美团研究院,2020)。与此同时,人类一直对智慧的追求充满好奇,并不断地通过感知、理解、预测和操纵信息来理解我们的所有认知(Russell, Norvig, 2018),催生了对人工智能的研究与产业的发展。1956年当人工智能出现之后,人类对人工智能技术的探索就不仅仅是理解、预测那么简单,而是搭建新的智慧实体。Russell 和 Norvig(2018)认为,以前关于人工智能的研究可分为"思考"和"行为"两大类,而现在的人工智能更多探索的是通过数据寻找出智能终端的理性行为方式。在现实中,人工智能的使用方式还需要根据实际的应用进行调整,例如在企业管理中,管理者亦在不断探索新的管理方式。更有学者认为如果运用 Smith 和 Lewis(2011)的悖论去看待组织的动态平衡,那么企业在日常管理中需要更多地将人工智能技术同时用于自动化(automation)和功能增强(augmentation)。虽然自动化和功能增强相互之间存在矛盾,但它们之间又相互依存。

人工智能作为目前最先进的技术概念逐步地渗透至企业运营中,且多数学者认为人工智能技术在企业中的运用主要就是代替人工或者人与机器合作(Brynjolfsson, McAfee, 2014;Daugherty, Wilson, 2018;Davenport, Kirby, 2016)。然而,人力资源管理在这种新环境下应该扮演何种角色的相关研究相当缺失。因为在现实环境中,理想的人工智能技术可以代替的工作,目前还是人为在操作。从组织的角度上来说,人工智能技术标准缺口较大,人工智能核心人才缺失,而且中国绝大多数的中小企业发展人工智能的负担较重。尤其在人工智能技术的应用上面,由于人工智能技术依然相对比较昂贵,大多数中小企业还没有将人工智能纳入未来的企业发展蓝图中。即便企业有人工智能相关的规划,企业内部的管理也未必做好了充分的准备。大规模应用人工智能技术的企业仍在少数。绝大多数企业依然处于业务流程或者项目试点阶段。许多管理者认为只要使用了人工智能技术就能够实现快速的回报。殊不知,要让人工智能技术在企业内部整体落地生根,需要管理者和每一位员工高度配合。

当然,在数字经济和人工智能发展的时代,组织和个体都有一些利好,比如,每个人都有机会创造新的价值,传统行业焕发新的成长和生机,每个个体需求都有机会得到满足,每个人都可以实现自己的梦想。对于每一个员工而言,未来"人们不会再轻易地把自己固化在一个组织里,或某种角色里;会有越来越多的人,期待自由、自主和非雇佣关系"(陈春花,2016)。《2020 年生活服务业新业态和新职业从业者报告》指出,新职业因新业态而兴起,伴随着新业态的发展而发展,是数字经济时代下众多新职业从业者的缩影(产业与规划研究所、美团研究院,2020)。

目前员工职业发展与组织的关系一直在发生变化。在"人工智能+大数据+5G+区块链"的组合冲击下,组织中的分工、交流、共享都发生了改变,正在形成越来越多新的组织形态,比如虚拟组织、海星组织等,甚至有相当一部分组织已经变成了通过互联网链接的细胞或单元。在这些组织里,信息可以充分传递与交流,岗位和层级正在逐渐消失,人们不用困在一间办公室或一条生产线上。另一方面,个体工作的自由度不断增大,许多人不仅不需要每天去单位或办公室上班,甚至可能很少或从未跟团队成员碰面;他们中的很多人既没有真正意义上的雇佣者和领导,也没有明确的上级组织和上层部门,更不存在长期雇佣关系;还有一些人可能同时与多个组织存在临时或稳定的合作关系,或者成为可以影响研发者和生产者的消费经营者。此时,当我们基于职业发展的平台、通道或环境去解释个体生涯时,不仅人-岗匹配由于忽视个人需求而具有局限性,人-组织匹配也会随着"产业链"的价值化、组织的微小化和虚拟化、人相对于组织的独立化而不再适用。这次突如其来的疫情,更是急剧加速了个体生涯边界从有形的组织向无形的工作环境升级的过程。

以新业态为例,在此次突如其来的疫情下,生活服务业丰富的业态已成为新就业形态、新职业从业者的摇篮,孕育了许多潜在的新职业从业者。快速发展的高性能芯片、基础软件、移动设备、物联网、高速互联网、VR、云计算、大数据平台、5G 等新技术,与垂直行业相结合进一步改善服务体验,催生出新的商业模式和业态,为生活服务市场带来新产品、新服务和新体验,包括以直播技术为基础的一系列体验类的直播,如云健身、云蹦迪、云吸猫、云旅行等,以及基于人工智能技术的无人配送、无人驾驶、无人机,也包括外卖、线上生鲜零售、社区团购、闪购、在线购药等线上线下融合的 O2O 新业态。

2020 年 7 月 15 日,国家发改委联合 13 部门发布的《关于支持新业态新模式健康发展激活消费市场带动扩大就业的意见》提出,要"把支持线上线下融合的新业态新模式作为经济转型和促进改革创新的重要突破口"。2020 年 7 月的问卷调查发现,之前已经在新兴行业就业的新职业从业者的比重为 8.2%,19.7% 的从业者来自商业和生活服务业(非新兴行业),该比重较 2019 年的 18.3% 提升了 1.4 个百分点(产业与规划研究所、美团研究院,2020)。其中,一些新职业包括:

(1) 在 2015 年后纳入国家职业大典的网约配送员、互联网营销师、老年人能力评估师、在线学习服务师等;

(2) 尚未纳入国家职业大典,但已在生活服务业中有一定规模的职业,如数字化运营师、互联网在线教育培训师、密室设计师、收纳师等;

(3) 刚刚出现不久,从业者尚未形成规模,但已经伴随新兴行业发展,呈现良好发展态势的职业,如社区团购团长、私影行业的观影顾问、版权购买师、轰趴馆的轰趴管家、VR 行业的 VR 指导师、轻食行业的套餐设计师、卡路里规划师、茶饮行业的奶茶试喝员、为宠物研发美食的宠物烘焙师等。

个体与组织更加需要意识到如下几点:

第一,个体与组织是一种共生关系。如果将我们的周遭看作是一个生态系统,任何人和组织都属于生态系统的一部分。他们会相互影响,也会被这生态中的其他因素影响。

第二,每一个体需要从管控到赋能,改变工作思维。

第三,激活自身,激活他人,并给予更多施展才能的空间。

第四,提升员工的创造力。

第五,收入、对职业的热爱以及工作自由是未来择业的重要参考条件之一。

其实,我们早已进入数字时代,正在进入人工智能时代,新时代对未来人才的需求也截然不同。未来社会,需要更多深度的、创意性的人才。未来科技对人才的思维敏捷性、数字化业务能力、管理能力、在海外工作的能力、语言能力、文化敏感度、了解国际市场包括法律法规和运作模式、人际关系能力等需求较大,是学校、企业以及个人都需要重点关注的。

第一,人才应该具有能够深度思考、分解问题的能力。与工业化大生产中重复的体力劳动被机械所取代类似,未来重复的脑力劳动有望被数字化和人工智能取代。但是不可重复的部分,即针对不同场景分解问题的能力是很难被取代的,这也是未来人才必备的核心竞争力。

第二,人才应该具有能够和机器人对话的能力。就像现代社会的我们能够操作机械一样,未来的人才需要和数字化以及人工智能共存,尤其是作为专业人才,需要掌握和机器人对话的技能,其基础可能是计算思维、逻辑思维等。近年来逐渐兴起的 STEAM 教育模式,就是培养未来人才的这些能力。

第三,能够充分利用数字化和人工智能技术进行资源整合。目前人工智能在中国主要是以终端的形式出现,例如无人机技术。不同的智能体通常具备不同的功能,这些功能的背后往往涉及大量的资源。未来人才需要具备能够充分利用这些智能体、整合智能资源的能力。

以数字化背景下的人才需求特点为例,需要做到以下几点。

第一,强专业。员工需要具备业务高效、准确的处理能力;拥有较好的劳动法律法规应用技能;拥有较好的人际沟通的与组织协调能力;以及能够结合业务场景,设计 HR 解决方案并落地执行。

第二,懂业务。员工需要能够利用用户思维、市场思维了解外部环境,理解公司战略,深刻洞察业务需求和问题;还需要基于业务洞察,能够在组织、文化、人才管理等方面提出解决方案,支持业务的发展。

第三,精数据。员工需要能够掌握数据收集、清洗、分析等方面知识与能力;拥有能够结合数据分析结果进行决策,做出优化建议或方案的能力;能够熟练掌握常见的各类数字化人力资源管理工具运用。

第四,能创新。员工需要善于运用各种数字化分析工具和方法,推进流程与方法创新的能力;并且具备数字化人才运营体系或方案设计,推进管理创新的能力。

第二节　数字化时代的组织变革

从科学理论的角度上来说,"范式"可以用来界定什么应该被研究、什么问题应该被提出、如何对问题进行质疑以及在解释我们获得的答案时该遵循什么样的规则(Kuhn,2012)。如果将组织管理看作是一种范式,那么在多年的组织发展中,不同的内外部因素造就了许多不同的组织管理范式。但是,科技的快速发展、环境的复杂多变消灭了传统的竞争壁垒,新科技的渗透也使得行业边界越来越模糊。因此组织也失去了信息不对称时代的地位优势。从目前来看,开放式组织将成为组织未来的成长布局(陈春花,2017)。对于开放式的组织,管理者将无法从传统的范式中寻找到提高组织有效性的答案。例如,在2020年春的新冠肺炎疫情期间,全国所有学校没有办法正常上课,而原有不太被重视的网络教育平台和直播平台此时就凸显出它们的优势。凭借技术的力量,分布在全国各地的老师和学生可以完成教学任务。这些企业可以协助传统的教育机构进行疫情期间的新教学模式。

这让我们联想到,在工业化时代,组织是以单位实践产出效率最高为核心。当我们把单位时间的成本降到最低,效率产出最高,那么企业的发展速度会很快。而在人工智能时代,组织更多需要考虑的是变化速度。无论是外部环境变化还是内部的变化,组织此时需要考虑的不是过去做得如何,现在拥有什么资源,而是组织现在的状态是什么样的,组织应该如何变化,应该如何加速变化。现在很多行业,尤其是新兴行业,他们进入市场并站稳脚跟的时间非常短。例如,十年前的餐饮、食品零售和顾客之间可能不会想到这个行业中会出现美团、饿了么、盒马鲜生这些中间者。但是如今,尤其是在有外部突发情况下,美团、饿了么以及盒马鲜生就体现出了优势。甚至由于开放模式的运用,行业内还能实现员工共享,帮助其他传统餐饮企业渡过难关。

那么,在我们即将到来的未来,人工智能技术可以渗透到产业价值链的每一个环节。例如,当人工智能技术跟餐饮做组合的时候,就会出现新的商业模式。不过,从未来对组织变革需求这个角度,组织首先需要熟知组织与个人、环境以及变化的关系。如表9-1所示,在过去,组织管理相对容易是因为只需要处理好目标与个人,以及组织与个人的关系即可。而如今,组织内部的主要关系之间变化巨大。员工个体通过运用技术手段,亦可变得非常强大。海尔的人人客创就是一个例证。

表9-1 组织管理四对关系的变化

过去	今天
目标≥个人	组织目标必须涵盖个人目标
组织≥个人	个体很强大
组织≥环境	环境不确定
组织≥变化	变化不可预测

资料来源:知室工作室课程。

其次,组织还需要了解哪些是必须应对的新挑战。组织如今面对的挑战与过去也不一样,如表9-2所示,以前组织只需要考虑如何吸引客户,如何满足客户的需求,自己的价值核心是什么,自己什么业务无法复制、无法被模仿。而如今,一切都在不断变化。例如,没有人会想到一个普通的化妆品柜台销售人员,如今可以借助网络直播技术摇身一变成为网红导购。但凡是他介绍的产品都会在第一时间卖空。各大品牌,都争先恐后地在"网红"的直播平台销售他们的商品。所以,一切都在变化,传统的运营模式已经跟不上客户的需求和变化。

表9-2 组织需要应对的新挑战

正在发生的未来	同质化的市场	自主的个体
一切都在变化	金融	多元与独立
互动与沟通	数据	自由与责任
共生与共享	用户	人人是创客

资料来源:知室工作室课程。

第三,组织需要将具体的变化重新进行归纳,并梳理出新的变化逻辑。很多人力资源管理者可能会把人工智能和机器人生产线联系在一起。有人曾经预测,将来世界上有8

亿到 10 亿人的工作岗位要被人工智能所取代。机器人也只是人工智能三个层级中的一个产品终端。当企业的决策层决定试用机器人去代替现有的劳动力生产线时，这不仅仅是牵涉到简单的采购、安装、操作，还需要人力资源部门能够及时去配合、去融合。如表 9-3 所示，在传统的绩效考核中组织看重的是员工的工作投入，而如今组织看重的是员工的工作产出。那么，从人力资源管理角度来说，要相应地重新设计对于员工的绩效考核体系。外部环境在动态的变化，员工的产出也需要根据实际的绩效考核需求进行变化。此外，还需要改变基于单一的组织特征界定工作环境，基于组织边界衡量生涯边界的思维惯性，建立认识和适应工作环境的多维视角。对工作环境的适应可以发生在组织（人-组织匹配）、团队（人-群体匹配）、领导（人-上级匹配）等层面，也可以发生在职业（人-职业匹配）、工作（人-工作匹配）、顾客（人-顾客匹配）等层面，需要用更高层次的人-环境匹配，来界定新时代、新经济下的自我与工作环境的关系系统。

表 9-3 组织正在发生的变化

	传统	新的
组织结构	金字塔式	扁平
人在组织中的作用	通才	多种技能专家
竞争	系统、运作	团队、发展
评价	投入	产出
薪酬	工作	技能
合约	承诺的安全	流动、共享员工
职业管理	家长式	自我管理
流动性	纵向	多向
风险	僵化、依赖	压力、混乱

资料来源：知室工作室课程。

第四，人力资源管理必须与组织战略保持契合，并且渗透至组织运营的每一个环节。例如，许多组织会遇到战略难以落地的困境。明明制定好了组织未来几年的战略，也将战略实施举措进行了细分，为什么真正到每个部门执行战略计划的时候会那么困难？主要原因是人力资源管理工作没有做到位，人员配置没有做好。在过去，一般战略目标的难度相对适中，而且执行的时间可能很长，每一个部门都有足够的时间和空间去磨合。而现在，时间和空间对组织反而是一个相对奢侈的概念。如果人力资源管理没有办法能够让每一部门都能够有效地对员工进行配置、培训、考核，就是对时间和空间的浪费，也是对人才的浪费。那么，人力资源管理体系的建立和运行，也需要越来越多地考虑以个体能力为主线，以临时团队为核心，强调技术协同和多元雇佣（赵慧娟，2020）。

第五，组织中的每一个环节都需要设置危机应对和危机管理的机制。中国的大多数企业在 2003 年非典疫情的时候都已经历过一次重创，但是为什么 17 年后的新冠肺炎疫情，大多数企业尤其是传统企业还不能有效应对？我们需要探索和总结企业能在逆境中成长起来的方式,需要研究能够成功应对危机的企业案例。阿里巴巴就是很好的例子。在非典期间,由于阿里巴巴的员工都需要在家隔离,阿里巴巴为每一个员工建立了在家办公的计划,因此没有影响正常的项目进度。淘宝网就是在疫情期间上线的。由此可见,企业在面对危机的时候要能够快速调整认知,能够弹性地调整工作方式,也可以转危为机。

第三节　面向未来的职业生涯管理

在外部环境越来越不确定的时候,市场也会多变,新技术会产生颠覆性的力量。因此,企业的成长也越来越困难。未来需要更多的共生型组织,而共生型组织主要有以下几个特点:

(1) 互为主体性。复杂多变的环境要求组织从单一的线性协同模式转向跨组织的多维协同模式。组织强调开放性和互联性,与环境形成良好的互动。

(2) 整体多利性。共生型组织更加强调合作组织之间的相互吸引与相互补充,最终做到从竞争中产生新的、创造性的合作伙伴。

(3) 柔韧灵活性。共生型组织在组织内部减少了管理层级,去除了传统组织中自上而下的垂直高耸结构,将权力下放到基层。

(4) 效率协同性。共生型组织系统中的组织个体保留了各自的独立性和自主性,依赖于彼此之间对资源的获取、分享以及使用能力,组织获得了更好融入环境的方式,组织的整体效率得以提高。

不难发现,在不久的未来,组织、管理者和员工之间的边界也将越来越模糊,三者之间更加相互依赖。因此,在未来组织内部的职业生涯管理方面会出现如下变化:首先,组织与员工共同找到适合的岗位,甚至为优秀的员工创造出新的岗位。例如,一家外资企业通过三年的努力,梳理出一套培训体系。将其打造成游戏通关形式,让员工不仅可以选择管理路径和技术路径,还可以通过考级和外部资质考试获得某一领域专家的新型职业发展通道。在短期,企业可以着手准备更加互动式的实训平台。尤其是随着 90 后、00 后员工队伍的逐渐壮大,他们习惯的网络化、互动式、情景式和娱乐式的实训场景,更加能够促进他们有效地进行实训。如果从中长期考虑,企业可以搭建智能化 HR 职业发展路径平台。我们可以先从 HR 部门入手,按照功能和智能将 HR 的职业发展路径划分为三个层级,这样的晋升通道更加清晰。

其次,通过高科技手段帮助员工创造产出和绩效。在员工的眼中组织的持续发展以及成就,代表着员工有机会在组织中长时间的工作和成长。随着科技的发展,提高组织的有效性也意味着提升组织的整体绩效。因此,适当的通过高科技手段去提升效率和整体绩效是每一个组织的必经之路。组织需要明确,在员工职业生涯管理中,组织扮演的是助力的角色。

最后,需要打开企业边界,扩展员工的职业生涯发展通道。组织可以帮助个人实现目标。而且,在不同的平台,个人的价值是不一样的。以海尔为例,2005 年,"人单合一"模式在海尔诞生。其核心是"人的价值第一",倡导每个员工都成为创业者,让每位员工直接对用户负责;而在2013年,海尔提出"小微"的概念,"小微"就是在海尔创业平台上生长出来的创业公司,将"大企业"做"小"。海尔着眼于个体、小微化,建立了一个大平台。这个平台可以让每个小微员工创业,不仅发挥员工价值也发挥平台的价值。这也体现了,如果企业打开边界,员工的职业生涯发展通道可以由传统的路径转向更加创新的路径。

本章小结

1. 人工智能产业价值的意义

人工智能技术可以通过各种形式,渗透进产业价值链的每一个环节

可以衍生出无限可能的新产业组合

变化速度非常快

2. 组织管理的四对关系

个人与目标的关系

个人与组织的关系

组织与变化的关系

组织与环境的关系

3. 未来对组织变革的需求

需要熟知的是组织与个人、环境以及变化的关系

组织需要了解哪些是必须应对的新挑战

组织需要将具体的变化重新进行归纳,并梳理出新的变化逻辑

人力资源管理必须与组织战略保持契合,并且渗透至组织运营的每一个环节

复习与思考

我们应当如何正确地审视疫情带来的新生活与工作方式?

我们已经无法仅停留在概念上的'数字化进程'。当你看到,每个服装品牌和实体空间都在做直播。就趁现在,仔细琢磨每个当下的场景交互,其实很有价值。没有什么一成不变,所有理所当然的事情都开始新的生长和进化。这种思想的'破局',其实反过来有利于我们去对抗病毒,对抗气候变化,对抗能源危机。其实,现在所有的企业都可以感受到新的脉络——"麻烦"特别多,而且始终表现为"不确定性"。有时是刚开始就伴随结束;有时是没开始就已经结束;有时开始一段时间才结束,而你却一无所知。在乌卡(VUCA)时代,对于随机模糊危机预测的可能性越来越小,所以重要的是识别自己的脆弱。需要思考如何补足短板、软肋,构建安全、文明、健康的全方位认知体系。企业也一样,要越来越理解"脆弱",让"脆弱"被常态化地运作,制定好的管控机制和业务准备。反观商业模式的完备性,如何让其不单一,对于业务模型的脆弱地带是否有应对。

应用案例分析

2015年,海尔的发展主题是"人人创客,引爆引领"。也就是说,整个企业要从管控型组织变成投资平台,每个人不再是执行者,而是创业者。整个组织,从原来的传统组织变成互联网组织。

从海尔的成长历程看,1984年海尔从诞生之初,作为一个亏损企业,张瑞敏就提出"企业即人,人即企业"。无论是过去和现在,始终将人的因素放在第一位,当时就提出了"日清管理法"。随着2002年海尔走向国际化,通过流程改造将每个人带入市场环节,开始了"人单合一"双赢模式的探索;到2012年海尔开始互联网转型,并提出了"三化"战略;2015年初进入"人人创客"时代,海尔一直踩着时代的步伐进行自我转型和重生。

目前,在海尔的平台上只有三类人:平台(主)、小微(主)、创客。在管理模式上,将原来的职能部门变为两大平台,即共享平台和驱动平台。共享平台包括人力、法务等共享服务功能,以保证小微公司活而不乱;而驱动平台,是帮助小微们明确商业路径,给他们创造一个可以发现和解决问题的恒温生态环境。通过为用户创造价值来提供共享平台。海尔的平台化,就是搭建了一个创业机制和平台。目前,海尔分流了2.1万人进入小微,成立了183个小微生态圈,孵化出了470个创业项目。

过去,人才要经历选、用、育、留的人才发展体系,但现在海尔内部采用的是"动态合伙人机制"。也就是说,只要你有能力,就能在这个平台上创业和发展,共享价值。而"动态"一词,表达的是,你若不能在平台上创造价值,就很可能被取代。所以,在海尔的平台上,为了保证自己能够持续创造自己的价值,每个人都需要不断学习,实现自驱动。

海尔对于小微公司有四种孵化模式,第一类是脱离主体的孵化,也就是员工可以辞职,独立开公司,当然这个过程中可以用海尔的资源;第二类是企业内部平台,在原有的产业上,很多有好点子的人可以交互在一起,成立一个公司,是由原来的产品延伸出来的公司;第三类是众筹孵化,它可以吸引社会上各种各样的资源,一起筹资、筹钱、筹资源,成立公司;第四类就是生态小微,在这个模式之上,可以有很多社会上的创客进入海尔平台,共享资源。海尔会通过用户资源和产业资源"众创、众包、众筹、众扶"的服务机制,帮助创客创业并取得成功。众扶平台就是帮助内部员工成为创业者提供资源平台;众创平台是通过海立方和创意平台,将这些创意与平台上的资源对接;众包平台,是依托海尔的开放式创新平台,使全球有创意的人将创意拿出来共同讨论、实践;众筹平台,是指海尔有专项创投基金。

资料来源:孙中元,庄文静.《海尔"人人创客"怎样实现?》[J].《中外管理》.2015年第12期.

思考题:

1. 海尔在互联网时代所提倡的"人人都是创客",是如何运行并取得成果的?
2. 海尔是如何通过"三化"的具体实践,来实现"人人创客"的战略目标?
3. 这个平台如何支撑创客在海尔的平台上创业?

参考文献

1. 埃德加·施恩.职业的有效管理[M].仇海清,译.北京:生活·读书·新知三联书店,1992.
2. 白艳莉.无边界职业生涯时代的职业生涯管理[J].中国人力资源开发,2007(4):4-8.
3. 白艳莉.西方职业生涯发展阶段理论及其对组织人力资源管理的启示[J].现代管理科学,2010(8):35-37.
4. 曹鸣岐.职业生涯规划[M].北京:高等教育出版社,2019.
5. 陈春花.激活个体:互联时代的组织管理新范式[M].北京:机械工业出版社,2016.
6. 陈春花,刘祯.水样组织:一个新的组织概念[J].外国经济与管理,2017,39(7):3-14.
7. 陈春花.拥抱和迎接数字化生存时代[J].企业管理,2018(1):24.
8. 陈春花,赵海然.共生:未来组织进化路径[M].北京:中信出版集团,2018.
9. 陈春花.重塑边界已经成为事实[J].中国企业家,2017(5):100-100.
10. 陈国荣,汤涛,等.CGLC模式:职业生涯规划[M].北京:中国劳动社会保障出版社,2005.
11. 陈鸿飞,谢宝国,郭钟泽,辛迅.职业使命感与免费师范生学业投入的关系:基于社会认知职业理论的视角[J].心理科学,2016,39(3):659-665.
12. 陈会昌.人格心理学[M].北京:中国轻工业出版社,2016.
13. 陈建武.基于职业生涯规划的培训与绩效管理[J].人才资源开发,2005(12):75-76.
14. 陈林,李峰.人力资源管理[M].北京:中国财富出版社,2013.
15. 陈龙春.大学生职业生涯规划与发展(第1版)[M].杭州:浙江人民出版社,2015.
16. 陈胜军.人力资源管理概论(第2版)[M].北京:对外经济贸易大学出版社,2013.
17. 陈玉明,崔勋.代际差异理论与代际价值观差异的研究评述[J].中国人力资源开发,2014(13):43-48.
18. 程社明.职业生涯的开发与管理[J].中外企业文化,2003(2):37-39.
19. 戴良铁,刘颖.职业生涯管理简析[J].中国劳动,2001(8):28-30.
20. 戴良铁,刘颖.职业生涯管理理论与方法介绍(一)职业生涯管理简析[J].中国劳动,2001(8):28-30.

21. 董临萍,龙丽群. 人力资源管理[M]. 上海:华东理工大学出版社,2014.

22. 董晓霞,王昌君. 职业锚理论与公共人力资源配置[J]. 中国人力资源开发,2001,8(7):25-27.

23. 杜林致. 职业生涯管理[M]. 上海:上海交通大学出版社,2006.

24. 高山川,孙时进. 社会认知职业理论:研究进展及应用[J]. 心理科学,2005,28(5):1263-1265.

25. 郭志文,B. I. J. M. 范·德·赫登. 无边界职业生涯时代的就业能力:一种新的心理契约[J]. 心理科学,2006,29(2):485-486.

26. 黄波,凌文辁. IBM的继任计划[J]. 人才资源开发,2005(11):50-51.

27. 黄勋敬,赵曙明. 基层管理者1+N领导力模型与发展[M]. 北京:北京邮电大学出版社,2014.

28. 加里·德斯勒. 人力资源管理[M]. 刘昕,吴宝芳,等,译. 北京:中国人民大学出版社,1999.

29. 李华,李传昭. 扁平化组织结构下的员工晋升路径问题探讨[J]. 经济师,2004(2):150-151.

30. 李军,刘学. 新生代员工的成长环境和特点探析[J]. 湖湘论坛,2013(6):43-47.

31. 李梦莹,马颖,俞昊,王垒. 组织职业生涯管理的发展探析[J]. 人力资源管理,2014(6):51-52.

32. 李锡元,李泓锦. 90后员工管理体系的构建——基于组织社会化策略视角[J]. 中国人力资源开发,2012(12):23-27.

33. 李燕萍,侯烜方. 新生代员工工作价值观结构及其对工作行为的影响机理[J]. 经济管理,2012,34(5):77-86.

34. 李燕萍,徐嘉. 新生代员工:心理和行为特征对组织社会化的影响[J]. 经济管理,2013,35(4):61-70.

35. 林崇德. 心理学大辞典(下卷)[M]. 上海:上海教育出版社,2003.

36. 林辉. 职业生涯规划与发展(第1版)[M]. 北京:对外经济贸易大学出版社,2014.

37. 刘凤香. 员工工作价值观代际差异研究[D]. 南开大学,2011.

38. 刘艳杰,姚莹颖. 社会认知职业理论对职业发展课程的启示[J]. 高教发展与评估,2015,31(1):91-97.

39. 刘永强,赵曙明,王永贵. 工作-家庭平衡的企业制度安排[J]. 中国工业经济,2008(2):85-94.

40. 龙立荣,方俐洛,李晔. 社会认知职业理论与传统职业理论比较研究[J]. 心理科学进展,2002(2):225-231.

41. 龙立荣,方俐洛,凌文辁. 组织职业生涯管理的发展趋势[J]. 心理科学进展,2001(4):347-351.

42. 龙立荣,方俐洛,凌文辁.组织职业生涯管理与员工心理与行为的关系[J].心理学报,2002(1):97-105.

43. 龙立荣.职业生涯管理的结构及其关系研究[M].武汉:华中师范大学出版社,2002.

44. 罗宾斯.组织行为学[M].北京:机械工业出版社,2016.

45. 罗双平.职业生涯规划的含义及其形态[J].中国青年研究,2003(8):5-6.

46. 罗双平.职业选择与事业导航——职业生涯规划技术(第2版)[M].北京:机械工业出版社,2008.

47. 孟华兴,赵现锋.新生代员工管理.北京:中国经济出版社,2014.

48. 宁甜甜.人力资本与社会资本对高层次人才职业生涯发展的影响研究[D].天津:天津大学,2014.

49. 潘维,廉思.中国社会价值观变迁30年[M].北京:中国社会科学出版社,2008.

50. 秦晓蕾,杨东涛."80后"员工工作价值观差异性对人际促进影响比较研究[J].现代管理科学,2010(10):14-16.

51. 石金涛,王庆燕.组织社会化过程中的新员工信息寻找行为实证分析[J].管理科学,2007(2):54-61.

52. 孙健敏.组织行为学[M].北京:中国人民大学出版社,2018.

53. 孙中元,庄文静.海尔"人人创客"怎样实现[J].中外管理,2015(12),22.

54. 谭蔚,刘艳杰.高中生生涯发展指导[M].厦门:厦门大学出版社,2014.

55. 汪莉.职业生涯规划与管理(第1版)[M].北京:中国华侨出版社,2008.

56. 王冠宇.职业选择理论简评[J].人口与经济,2009(S1):101-102.

57. 王辉耀,苗绿.人才战争2.0[M].北京:东方出版社,2018.

58. 王来顺.霍兰德职业选择理论及其现实运用[J].求索,2009,48(7):160-162.

59. 王忠军,龙立荣,刘丽丹,黄小华,贾文文,李璐,马红宇.仕途"天花板":公务员职业生涯高原结构、测量与效果[J].心理学报,2015,47(11):1379-1394.

60. 翁清雄,卞泽娟.组织职业生涯管理与员工职业成长:基于匹配理论的研究[J].外国经济与管理,2015,37(8):30-42+64.

61. 吴志华,刘晓苏,路锦非.人力资源开发与管理[M].北京:高等教育出版社,2016.

62. 萧鸣政.人员素质测评理论与方法(第二版)[M].北京:北京大学出版社,2016.

63. 徐华春,郑涌,黄希庭.中国青年人生价值观初探[J].西南大学学报,2008(5):35-39.

64. 徐凌宵,赵金秀.开展职业锚的研究构筑大学生职业生涯规划[J].中国高教研究,2004(3):42.

65. 徐笑君.职业生涯规划与管理[M].成都:四川人民出版社,2008.

66. 杨国枢.中国人的心理与行为:本土化研究[M].北京:中国人民大学出版社,2004.

67. 杨宜音.社会心理领域的价值观研究述要[J].中国社会科学,1998(2):82-89.

68. 姚裕群,曹大友.职业生涯管理[M].大连:东北财经大学出版社,2015.

69. 姚裕群,张再生.职业生涯与管理[M].长沙:湖南师范大学出版社,2007.

70. 姚裕群,职业生涯管理[M].大连:东北财经大学出版社,2012.

71. 于华.职业生涯管理的模型及历史演变[J].《人口与经济》,2006(4):89-91.

72. 袁庆宏,付美云,陈文春.职业生涯管理[M].北京:科学出版社,2009.

73. 翟学伟.中国人的价值取向:类型、转型及其问题[J].南京大学学报,1999(4):118-126.

74. 张冬梅.金融危机背景下大学生就业与职业生涯规划问题探析[D].哈尔滨:哈尔滨工业大学,2009.

75. 张素清.个人职业生涯的PPDF法[J].人才资源开发,2005(7):100.

76. 张霞,全丽.现代人力资源管理概论[M].郑州:河南科学技术出版社,2014.

77. 张旭,张爱琴.企业组织发展与员工职业生涯管理[J].中国人力资源开发,2003(3):65-67.

78. 张颐武."70后"和"80后":文化的代际差异[J].观点,2007(12):16.

79. 张莹.如何进行职业生涯规划与管理[M].北京:北京大学出版社,2004.

80. 张再生.职业生涯管理[M].北京:经济管理出版社,2002.

81. 张再生.职业生涯开发与管理(第1版)[M].天津:南开大学出版社,2003.

82. 赵慧娟.从"人-组织"匹配到"人-环境"匹配:疫情下无边界职业生涯的加速升级.2020,https://www.sohu.com/a/378572972_407280

83. 赵慧娟,龙立荣.个人-组织匹配的研究现状与展望[J].心理科学进展,2004,12(1):111-118.

84. 赵曙明.国际企业:人力资源管理(第5版)[M].南京:南京大学出版社,2016.

85. 赵曙明.无边界的人资管理[J].商界(评论),2015(8):74-75.

86. 赵曙明,赵宜萱.人力资源管理:理论、方法、务实[M].北京:人民邮电出版社,2016.

87. 赵宜萱,徐云飞.新生代员工与非新生代员工的幸福感差异研究——基于工作特征与员工幸福感模型的比较[J].管理世界,2016(6):178-179.

88. 赵宜萱,赵曙明,栾佳锐.基于人工智能的人力资源管理:理论模型与研究展望[J].南京社会科学,2020(2):39-48.

89. 赵宜萱,赵曙明,徐云飞.基于20年成就方式数据的中国员工代际差异研究[J].管理学报,2019(12):1751-1760.

90. 中智咨询.碰撞!领导力与新生代员工.2019. https://www.ciichr.com/ciichr/zzgd/zzdj74/436024/index.html.

91. 周文霞,辛迅.组织职业生涯管理对个体职业生涯管理的影响:一个被调节的中介模型[J].中国人民大学学报,2017,31(3):80-89.

92. 周文霞.职业生涯管理[M].上海:复旦大学出版社,2004.

93. 2020年中国生活服务业数字化发展报告. 中国信息通信研究院产业与规划研究所和美团研究院, http://www.caict.ac.cn/kxyj/qwfb/ztbg/202005/t20200515_281857.htm.

94. Bandura A. Social Foundations of Thought and Action: A Social Cognitive Theory[M]. Englewood Cliffs, NJ: Prentice-Hall, 1986.

95. Bandura A, Walters R H. Social Learning Theory[M]. Englewood Cliffs, NJ: Prentice-Hall, 1977.

96. Barak A. Vocational Interests: A Cognitive View, Journal of Vocational Behavior. 1981, 19(1): 1-14.

97. Barker J, Kellen J. Career Planning: A Development Approach[M]. Prentice Hall, Inc, 1998.

98. Baruch Y. Career Development in Organizations and Beyond: Balancing Traditional and Contemporary 116 Viewpoints[J]. Human Resource Management Review, 2006, 16(2): 125-138.

99. Baruch Y. Integrated Career Systems for The 2000s[J]. International Journal of Manpower, 1999.

100. Baruch Y, Peiperl M A. Career Management Practices: An Empirical Survey and Theoretical Implications. Human Resource Management, 2000, 39(4): 347-366.

101. Baruch Y. Transforming Careers: From Linear to Multidirectional Career Paths[J]. Career Development International, 2004(9): 58-73.

102. Brynjolfsson E, McAfee A. The Second Machine Age: Work, Progress, and Prosperity in A Time of Brilliant Technologies. WW Norton & Company, 2014.

103. Chatman E A. Life in A Small World: Applicability of Gratification Theory to Information-Seeking Behavior[J]. Journal of the American Society for Information Science, 1991, 42(6): 438-449.

104. Crabtree M J. Employees Perception of Career Management Practices: The Development of A New Measure[J]. Journal of Career Assessment, 1999, 7(2): 203-212.

105. Crampton S M, Hodge J W. Generations in the Workplace: Understanding Age Diversity[J]. The Business Review, 2007, 9(1): 16-22.

106. Daniel C Feldman, Mark C Bolino. Careers Within Careers: Reconceptualizing the Nature of Career Anchors and Their Consequences[J]. Human Resource Management Review, 1996, 6(2): 89-112.

107. Daugherty P R, Wilson H J. Human + Machine: Reimagining Work in the Age of AI[M]. Harvard Business Press, 2018.

108. Davenport T H, Kirby J. Only Humans Need Apply: Winners and Losers in the Age of Smartmachines[M]. New York, NY: Harper Business, 2016.

109. Dowling P J, Festing M, Engle, Allen D. International Human Resource Management (7th Edition) [M]. South-Western Cengage Learning, 2017.

110. Espinoza C, Schwarzbart J. Millennials Who Manage: How to Overcome Workplace Perceptions and Become a Great Leader[M]. FT Press, 2015.

111. Espinoza C, Ukleja M. Managing the Millennials: Discover Thecore Competencies for Managing Today's Workforce[M]. John Wiley & Sons, 2016.

112. Gilley J, Eggland S, Gilley A M, et al. Principles of Human Resource Development[M]. Basic Books, 2002.

113. Ginzberg E, Ginsberg S W, Axelrad S. Occupational Choice: An Approach to A General Theory[M]. New York: Columbia University Press, 1951.

114. Greenhaus J H, Callanan G A, Godshalk V M. Career Management (3th Edition)[M]. Sage, 2010.

115. Greenhaus J H, Callanan G A, Godshalk V M. Career Management for Life [M]. Routledge, 2018.

116. Greenhaus J H, Gerard A C, Eileen K. The Tole of Goal Setting in Career Management[J]. International Journal of Career Management, 1995, 7(5): 3-12.

117. Grusec J E. Social Learning Theory and Developmental Psychology: The Legacies of Robert R. Sears and Albert Bandura[J]. Developmental Psychology, 1994, (28): 776-786.

118. Gunz H P, Peiperl M. Handbook of Career Studies[M]. SAGE Publications, 2007.

119. Gutteridge T G. Organizational Career Development: Benchmarks for Building a World-Class Workforce. Jossey-Bass Management Series[M]. Jossey-Bass Inc., 350 Sansome Street, San Francisco, CA 94104 (discount on bulk quantities). 1993.

120. Hall D T, Mirvis P H. The New Protean Career: Psychological Success and The Path With a Heart[J]. The Career is Dead: Long Live the Career, 1996(23): 15-45.

121. Hall D T, Nougaim K E. An examination of Maslow's need hierarchy in an organizational setting[J]. Organizational behavior and human performance, 1968, 3(1): 12-35.

122. Holland J L. An empirical occupational classification derived from a theory of personality and intended for practice and research[J]. American College Testing Program Report, 1969.

123. Holland J L. Making vocational choices: A theory of vocational personalities and work environments[M]. Psychological Assessment Resources, 1997.

124. Inkson K, Dries N, Arnold J. Understanding Careers: The Metaphors of

Working Lives[M]. Thousand Oaks, CA: Sage Publications, 2007.

125. Kalleberg A L. Precarious work, insecure workers: Employment relations in transition[J]. American Sociological Review, 2009, 74(1): 1 – 22.

126. Kristof A L. Person-organization Fit: An Integrative Review of Its Conceptualizations, Measurement, and Implications[J]. Personnel Psychology, 1996, 49(1): 1 – 49.

127. Krumboltz J D, Mitchell A M, Jones G B. A Social Learning Theory of Career Selection[J]. The Counseling Psychologist, 1976, 6(1): 71 – 81.

128. Kuhn T S. The Structure of Scientific Revolutions[M]. University of Chicago Press, 2012.

129. Laura Wils, Thierry Wils, Michel Tremblay. Toward a Career Anchor Structure: An Empirical Investigation of Engineers. Industrial Relations, 2010, 236 – 256.

130. Lent R W, Brown S D, Hackett G. Toward a Unifying Social Cognitive Theory of Career and Academic Interest, Choice, and Performance[J]. Journal of Vocational Behavior, 1994, 45(1): 79 – 122.

131. Lent R W, Brown S D, Larkin K C. Self-Efficacy in the Prediction of Academic Performance and Perceived Career Options[J]. Journal of Counseling Psychology, 1986, 33(3): 265.

132. Lent R W, Brown S D, Nota L, Soresi S. Testing Social Cognitive Interest and Choice Hypotheses Across Holland Types in Italian High School Students[J]. Journal of Vocational Behavior, 2003, 62(1): 101 – 118.

133. Lent R W, Brown S D, Shcu H B, et al. Social Cognitive Predictors of Academic Interests and Goals in Engineering: Utility for Women and Students at Historically Black Univerrtics[J]. Journal of Counseling Psychology, 2005, (52): 84 – 92.

134. Lent R W, Larkin K G, Brown S D. Relation of Self-Efficacy to Inventoried Vocational Interests[J]. Journal of Vocational Behavior, 1989, (34): 279 – 288.

135. Lipman-Blumen J. Individual and Organizational Achieving Styles: A Conceptual Handbook for Researchers and Human Resource Professionals[M]. Achieving Styles Institute, 1991.

136. Manolescu A. Human Resource Management, 4th Edition[M]. Bucarest: The Economic Publishing House, p. 332.

137. Marchiondo L A, Gonzales E, Ran S, et al. Development and Validation of the Workplace Age Discrimination Scale[J]. Journal of Business and Psychology, 2016, 31(4): 493 – 513.

138. Miller D C, Form W H. Industrial Sociology[M]. New York, NY: Harper

Business, 1951.

139. Moore C, Gunz H, Hall D T. Tracing the Historical Roots of Career Theory in Management and Organization Studies[J]. Handbook of Career Studies, 2007: 13-38.

140. Noonan M C, Glass J L. The Hard Truth About Telecommuting[J]. Monthly Lab. Rev. 2012, 135-138.

141. Pazy A. Joint Responsibility: The Relationships Between Organizational and Individual Career Management and The Effectiveness of Careers[J]. Group and Organization Studies, 1988, 13(3): 311-331.

142. Reardon R C, Lenz J G, Sampson J P, et al. Career Development and Planning: A Comprehensive Approach[M]. Thomson Brooks/Cole Publishing Co, 2000.

143. Roe A. Integration of Personality Theory and Clinical Practice[J]. The Journal of Abnormal and Social Psychology, 1949, 44(1): 36.

144. Roe A. Perspectives on Vocational Development[J]. Perspectives on Vocational Development, 1972: 61-82.

145. Roe A, Siegelman M. A Parent-Child Relations Questionnaire[J]. Child Development, 1963: 355-369.

146. Rogier S A, Padgett M Y. The Impact of Utilizing a Flexible Work Schedule on the Perceived Career Advancement Potential of Women[J]. Human Resource Development Quarterly, 2004, 15(1): 89-106.

147. Rottinghaus P J, Larson L M, Boxgen F H. The Relation of Self-Efficacy and Interests: A Meta Analysis of 60 Samples[J]. Journal of Vocational Behavior, 2003, 62(2): 221-236.

148. Roulin N, Levashina J. LinkedIn As a New Selection Method: Psychometric Properties and Assessment Approach[J]. Personnel Psychology, 2019, 72(2), 187-211.

149. Russell S J, Norvig P. Artificial Intelligence: A Modern Approach. Malaysia, 2016.

150. Ryan R M, Deci E L. On Happiness and Human Potentials: A Review of Research on Hedonic and Eudaimonic Well-Being. Annual Review of Psychology[J], 2001, 52(1): 141-166.

151. Ryan R M, Deci E L. Self-Determination Theory and The Facilitation of Intrinsic Motivation, Social Development, and Well-Being. American Psychologist[J], 2000, 55(1): 68-78.

152. Sampson Jr J P, Lenz J G, Reardon R C, Peterson G W. A Cognitive Information Processing Approach to Employment Problem Solving and Decision Making[J]. Career Development Quarterly, 1999, 48(1), 3-18.

153. Schein E H. Career Anchors: Discovering Your Real Values[M]. San Diego, CA: University Associates, 1985.

154. Schein E H. Individuals and Careers. In J. Lorsch, Handbook of Organizational Behavior. Englewood Cliffs. NJ: Pretice-Hall, 1987.

155. Smith W K, Lewis M W. Toward A Theory of Paradox: A Dynamic Equilibrium Model of Organizing[J]. Academy of Management Review, 2011, 36(2): 381-403.

156. Stephen J H. Career Planning-a Link to Better Productivity[J]. Journal of Performance and Instruction, 1984, 23(8): 7-8.

157. Sullivan S E, Baruch Y. Advances in Career Theory and Research: A Critical Review and Agenda for Future Exploration[J]. Journal of Management, 2009, 35(6): 1542-1571.

158. Super D E. A Life-Span, Life-Span Approach to Career Development[J]. Journal of Vocational Behavior, 1980, 16(3): 282-298.

159. Super D E, Savickas M M L, Super C A. Life-Span, Life-space Approach to Career Development. Career Choice and Development[M]. San Francisco: Jossey-Bass, 1996.

160. Swanson J L, Gorc P A. Advances in Vocational Psychology Theory and Research[J]. In: S. D. Brown, R. W. Lent (Eds.). Handbook of counseling psychology. 3th ed. New York: Wiley, 2000: 233-269.

161. Tapscott D. Grown up Digital: How the Net Generation is Changing Your World. McGraw-Hill, 2008.

162. Van Iddekinge C H, Lanivich S E, Roth P L, Junco E E. Social Media for Selection? Validity and Adverse Impact Potential of A Facebook-Based Assessment[J]. Journal of Management, 2016, 42(7): 1811-1835.

163. Van-Vianen, Annelies E M. Managerial Self-Efficacy, Outcome Expectancies, and Work-Role Salience as Determinants of Ambition for A Managerial Portion. Journal of AppliedSocial Psychology, 1999, 29(3): 639-665.

164. Volmer J, Spurk D. Protean and Boundaryless Career Attitudes: Relationships With Subjective and Objective Career Success[J]. Zeitschrift für Arbeitsmarkt Forschung, 2011, 43(3): 207-218.

165. Wesarat P, Sharif M Y, Majid A H. A Review of Organizational and Individual Career Management: A Dual Perspective[J]. International Journal of Human Resource Studies, 2014, 4(1): 101.

166. Zhao S, Sheehan C, De Cieri H, et al. A Comparative Study of HR Involvement in Strategic Decision-Making in China and Australia[J]. Chinese Management Studies, 2019.